Mindfulness y mucho más

El Poder de la Concentración

Por **Isidro Gordi**

Ediciones Amara. Ciutadella de Menorca

Título original: *Mindfulness y mucho más*

Ediciones Amara. Ciutadella de Menorca

Publicado por vez primera en 2016 por Ediciones Amara

Impreso en España / Printed in Spain

ISBN de la obra: 978-84-95094-54-4
Depósito legal: ME 23/2016

TIRO Y RETIRO

Ediciones Amara desea agradecer de un modo especial a Carmen Gálvez, Manuel Gallardo y Roselyne Chane su desinteresada ayuda económica que ha hecho posible la publicación de *Mindfulness y Mucho Más*.

Su acto generoso hace realidad una de las estrofas de dedicación de la *Guía a la Forma de Vida del Bodhisatva,* compuesta por Shantideva (685-763):

[37] Que las enseñanzas, la única medicina para aliviar el dolor y el único origen de toda alegría, sean materialmente apoyadas, veneradas y se mantengan a lo largo del tiempo.

Deseo agradecer de manera especial a mi esposa, Marta Moll, por su encomiable labor, consejos y paciencia en la composición de este precioso trabajo.

Isidro Gordi
Son Gall
Ciutadella de Menorca, Febrero 2016

Contenido

Introducción

Mindfulness y mucho más

Si pienso en mi propia experiencia cuando empecé a meditar, lo primero que constato es que era una época muy distinta a la actual. Mi vida era placentera, tranquila y no tenía grandes responsabilidades a las que hacer frente. Encontré a mis primeros Lamas en 1979 en la isla de Menorca. Yo venía de un periplo de cuatro años de exilio por Europa desde el 1974. En 1977, de Paris me dirigí a Belgrado y de allí a Split, viajé por la Yugoeslavia del Mariscal Tito, a partir de donde fui bajando por carretera, sin un rumbo fijo, por toda la costa de Croacia hasta Ulcinj, en la frontera con Albania. Una vez allí me desplacé hasta Sarajevo, para pasar por Montenegro y Macedonia, y finalmente entrar en Grecia. Recién estrenados mis veintitrés años, recorría las islas griegas trabajando en la cosecha de uva, en la elaboración del licor local llamado *rakí*, en la recogida de aceitunas, en la producción de aceite… Fue en la isla de Creta donde pasé la mayor parte del tiempo, y al tratarse de trabajos temporales bien pagados, para lo que era mi forma de vida en aquellos momentos, podía permitirme el lujo de pasar largas semanas "contemplando" pausadamente el paisaje mediterráneo en aldeas de montaña, pueblos de pescadores y otros lugares recónditos.

Recuerdo haber llegado después de mi periplo por Creta a la hoy famosa Santorini, una isla que en aquellos momentos apenas contaba con una planta hotelera significativa, solo algunas pensiones familiares y la arena de la playa.

Tranquilidad, algo de soledad y mucho sosiego, no había grandes problemas que me agobiasen en aquel entonces. En definitiva, mi estado mental de esa época era muy diferente al de muchos de mis estudiantes en la actualidad.

De regreso a España decidí instalarme en la isla de Menorca donde conocí a Marta, mi compañera desde entonces y, juntos asistimos a nuestro primer curso de Dharma. Tras esa experiencia transformadora, decidí sumergirme en el estudio de la filosofía budista y en una práctica diaria de meditación que aún sigo manteniendo con la misma pasión. Varios meses después de mi encuentro con uno de mis Lamas principales, entré en un retiro de un mes en Es Pou Nou, de San Luis, para practicar una deidad tántrica.

En aquel retiro aprendí, sobre todo, una cosa muy importante: ¡La manera de NO meditar! Forzar, tensar, insistir, obligar a la mente… NO funciona, y puede ser incluso perjudicial. En este sentido, grandes Maestros de Yoga como Sivananda, Iyengar y otros señalan:

No es posible meditar sin estar relajado.

La tensión, física y mental, ahoga la atención y no la deja crecer.

Desde que empecé a meditar en esa época, jamás he abandonado mi práctica. Mientras tanto, los libros de los Maestros Tibetanos con los que me inicié han ido haciéndose un hueco en las todas las librerías especializadas, y en el mundo entero se han ido abriendo nuevos centros budistas. La enseñanza que me cautivara no ha dejado de crecer y expandirse a lo largo de estos años. Cada vez más gente se interesa por lo que, a mi entender, es mucho más una *ciencia de la mente* que una religión: no ofrece dogmas, ofrece análisis, estudio aplicado y experiencias personales. Ofrece instrucciones enormemente valiosas que pueden hacer mucho bien al individuo y a la sociedad. Estoy convencido de que este es uno de los motivos por los que tantas personas encuentran en el budismo una respuesta, tanto es así, que he tratado de aportar mi granito de arena publicando libros de Dharma con el deseo de que las enseñanzas toquen el corazón de las personas del mismo modo que tocaron el mío. Durante más de tres décadas, en la medida que mis responsabilidades familiares y laborales me lo han permitido, jamás he dejado de meditar. Lama Orgyen, Lama Guendun, Lama Yeshe, Gueshe Jampa Techchok, Gonsar Tulku, S.E Dagyab Rinpoche, Gueshe Lobsang Tsultrim, S.E. Choje Trichen Rimpoche, S.S Dalai Lama, S.S Sakya Trizin, S.E Jetsun Kusho, Gueshe Roach así como un buen número de monjes budistas, han guiado mis pasos por el sendero de esa profunda filosofía.

A todos les debo un gran agradecimiento y respeto, pues llegaron cada uno de ellos en un momento particular de mi vida, y me enseñaron todo lo que sé. Pero debo hacer un aparte para nombrar y enaltecer la memoria de mí Maestro del corazón, Gueshe Tamding Gyatso (1927-2002) del que fui traductor durante más de doce años. El me instruyó en los textos esenciales y fue quien, según sus propias palabras, "llenó el recipiente de mi mente con el néctar del Dharma".

Durante un viaje que hicimos a la Coruña, a principios de los años noventa, íbamos sentados juntos hablando del futuro, y Gueshe Tamding me dijo enfático: "Llegará un día en que habrá gente que te pedirá que les enseñes. Si esto ocurre, será el momento de transmitir el néctar del Dharma a quien te lo pida: sé humilde y enseña todo lo que has aprendido de mí". Yo, de hecho, ya estaba enseñando esporádicamente en los centros que juntos habíamos establecido en varias ciudades de España, por lo que aquel comentario me pasó bastante desapercibido.

Sin embargo, a finales de los noventa, creí oportuno dar por terminada aquella labor en los centros budistas. Creí, sinceramente, que sería más provechoso dedicar mi tiempo a preparar y traducir libros para seguir divulgando desde nuestra editorial todo aquel saber. Esta actividad me obligaba a estudiar para comprender mejor lo que publicaba, y durante este tiempo también pude hacer bastantes retiros de meditación.

Ahora me doy cuenta de la importancia que tuvieron aquellos años, pues tuve ocasión de destilar, madurar y proyectar las enseñanzas hacia una audiencia que había ido cambiando muy velozmente, tal como lo había hecho la sociedad en su conjunto.

Hace ahora ya más de una década, unos viejos amigos me invitaron a dar enseñanzas de Dharma en un Centro de Yoga de Barcelona. El deseo de los asistentes al curso por seguir aprendiendo conmigo, me trajo a la memoria las palabras de mi Lama en aquel vuelo: "Sé humilde y enseña todo lo que has aprendido de mí", desde entonces no he vuelto a dejar de enseñar. El ya no está conmigo, pero sus palabras resuenan en mi mente como el primer día. Mi experiencia vital a lo largo de los años ha ido consolidando la convicción de que acercar el Dharma al corazón de las personas las ayuda a vivir con mayor plenitud y serenidad.

Precisamente, mi propio proceso me ha hecho ver la necesidad de trasladar la esencia de la filosofía budista a un lenguaje actualizado, que se adapte a la mentalidad de quienes acuden a mis cursos. El perfil de los asistentes es una amalgama de profesionales de distintos y muy variados campos, pero con un denominador común, todos ellos personas interesadas en aprender a meditar de la mano de un occidental. En mi caso, he tenido la fortuna de beber de las fuentes más tradicionales, pero lo que he escuchado de mis Lamas lo presento en un formato renovado, más cercano a nuestro estilo de vida actual que, insisto, dista mucho del que vivíamos la primera generación de seguidores de los Lamas tibetanos. Hoy me dirijo a personas con responsabilidades familiares, compromisos sociales y laborales, conectados a las redes sociales, pero deseosas y, en ocasiones, necesitadas de conciliar todo ello con una experiencia sincera y constante de meditación. De nuevo, mi Lama, Gueshe Tamding acude a mi mente:

Es fácil practicar el Dharma en un templo, apartado de los problemas y con las necesidades básicas cubiertas. Lo que es difícil es practicar en tu trabajo, en la calle, o en el ámbito familiar.

Y en sus libros, *Joyas del Budismo*, y *Más Allá del Egoísmo*, señala que:

Si prácticas con buena motivación y conocimiento en tu casa, la Iluminación está cerca; si practicas en una cueva, retirado del mundo con una mala motivación o un conocimiento escaso, la Iluminación está lejos.

Muchos de mis seminarios habituales abordan temas propios del Lam Rim y el Lo Yong (textos tradicionales de los que hablaré más tarde). Cuestiones como considerar el potencial humano, reflexionar sobre la muerte o sobre las consecuencias de nuestros actos; el estudio y manejo de las aflicciones mentales (skt: *klesha*, estados mentales que nos alteran y producen malestar) y los métodos que nos capacitan para lidiar con ellas. Afrontar la insatisfacción, aprender a relacionarnos con esta actitud que podríamos definir como congénita. Adiestrarnos en el amor, la compasión, la paciencia y tantos otros temas con múltiples sentidos y matices, son el material con el que podemos llenar años de práctica. Incluso con algunos grupos de estudiantes específicos llevamos a cabo el estudio y la práctica de sadhanas de Tantra Superior, analizando y pormenorizando todos aquellos elementos que transforman y pulen la mente desde su raíz.

Pero, para penetrar de manera optima, eficaz y directa en

asuntos transcendentes, necesitamos mejorar nuestra capacidad de enfoque, necesitamos atención y concentración: en definitiva, necesitamos desarrollar "permanencia apacible" que en sánscrito se denomina *samatha* y en tibetano *shi né*. Tarde o temprano el estudiante llega al punto en el que solo escuchar o estudiar no es suficiente, se le hace evidente la necesidad de entregarse a la meditación porque, como dicen muchas citas clásicas:

Escuchar muchas enseñanzas de Dharma sin reflexionar y meditar en ellas hace que la mente se vuelva rígida y que el Dharma ya no tenga poder para transformarla.

El propósito último de la meditación es *transformar la mente*. Pero, para meditar y obtener resultados del esfuerzo loable que le dedicamos a la práctica, necesitamos preparar nuestro campo de trabajo. Nos hace falta cultivar un espacio de calma interior y dejar el cuerpo relajado. Con el propósito de ayudar a mis estudiantes a alcanzar ambos objetivos he desarrollado "Mindfulness y mucho más".

El término meditación en occidente se asocia a ciertas ideas que no tienen nada que ver con lo que se entiende por meditar en aquellas tradiciones que aún mantienen viva esa práctica. Muchas personas se acercan a la meditación con falsas expectativas, pero incluso en el caso de entender correctamente de lo que se trata, practicarla sin una sólida base de relajación, es complicado. Si la meditación no funciona, uno tiene que cuestionarse si hay algo que deba corregir. El objetivo de la meditación que practicamos en "Mindfulness y mucho más" no es detener la mente para dejar de pensar, o que se quede en blanco para imaginar una realidad fantasiosa. He aquí algunas de las cosas que me parece interesante resaltar:

1) Puedes practicar "Mindfulness y mucho más" sin tener

ninguna creencia religiosa. Tanto si eres ateo como seguidor de una filosofía te será de gran ayuda porque el mayor énfasis va dirigido a potenciar al máximo tu capacidad de atención y concentración. Te sentirás más centrado y de forma casi inmediata.

El énfasis principal es desarrollar *shi né* o *samatha* que, en realidad, no es una práctica exclusiva del budismo, Buda la extrajo del hinduismo, y también se extendió ampliamente en el zen japonés o el chan chino. Incluso en las tradiciones cristianas contemplativas de antaño llegó a estar arraigado, y también en el sufismo o en el taoísmo.

2) Practicando "Mindfulness y mucho más" tu capacidad de enfoque aumenta en poco tiempo, de modo que no tendrás que esperar años a que tus esfuerzos se vean recompensados; advertirás los beneficios en tu vida cotidiana.

3) Practicar "Mindfulness y mucho más" nos permite corregir aquellas facetas de nuestra vida que se pueden mejorar. La vida no "mejora" *solo* "mejorando" el medio ambiente externo, sino trabajando la condición de nuestra mente, porque es de donde surge la inquietud y malestar.

4) Practicar "Mindfulness y mucho más", perfecciona cualquier meditación que practiques (vipasana, Lam Rim, Lo Yong y Tantra). Mi Lama solía decir que no se pueden abordar prácticas superiores sin estar bien anclados en las prácticas preliminares. Unos buenos fundamentos sostienen un gran edificio.

5) Practicar "Mindfulness y mucho más" es un medio incomparable para investigar y entender el funcionamiento de nuestro mundo interno, y nos ayuda a relacionarnos correctamente con el exterior. Una mente templada y estable observa mejor la realidad.

6) La atención y la concentración que perfeccionas en "Mindfulness y mucho más" son la clave de la Liberación

y la Iluminación. ¿Liberarse de qué? De todo aquello que resulta molesto. ¿Iluminar qué? La oscuridad producida por la ignorancia que desconoce la realidad.

7) La atención y la concentración necesitan para su progreso de un asiento muy particular: la ética. La concentración (*shi né*) es el medio; actúa como un telescopio que da paso a la sabiduría (*vipassana)* que explora la naturaleza última de la realidad. Los tres, ética, concentración y sabiduría son interdependientes.

8) En los retiros de "Mindfulness y mucho más", trabajamos con momentos de reflexión para producir estados mentales positivos como el amor, la compasión y otros. Estos estados mentales generados se utilizan como objeto de concentración. (Solo a modo de adiestramiento del neófito para acceder a prácticas más elevadas como las que se encuentran en los textos de Lam Rim y Lo Yong).

Aquello que normalmente traducimos como meditación es *bhavana* en lengua sánscrita y significa literalmente "cultivar". En tibetano es *gom* y significa "familiarizarse". ¿Qué cultivamos y con qué nos familiarizamos? Cultivamos primero y nos familiarizamos después con estados mentales que reportan felicidad a la mente. Para adquirir esa familiaridad con estados mentales virtuosos, es preciso enfocarnos en ellos y fijarlos en nuestra memoria. Este proceso requiere atención, para lo cual es indispensable una mente tranquila y un cuerpo relajado.

¿Por qué Mindfulness y mucho más? el término "Mindfulness", significa atención. A través de un método relativamente fácil, la mente se calma, se estabiliza y se vuelve clara. "…Y mucho más" porque tratamos de canalizar esa atención plena hacía una perspectiva amplia y completa del camino interior.

El método Mindfulness que se ha hecho famoso en occidente de la mano de John Kabat Zinn y que, de hecho, está removiendo los cimientos de la psicología, neurología y sistema educativo en los países más avanzados, es una práctica que se fundamenta, en parte, en los textos budistas y ha mostrado su eficacia para reducir los niveles de estrés, mejorar la atención o superar estados depresivos. Es, además, un preliminar exquisito para prácticas de meditación de mayor profundidad.

Aunque abarca otros temas muy interesantes, la práctica de mindfulness que propone John Kabat Zinn está basada primordialmente en la idea de *prestar atención solo al presente, sin elaborar ningún juicio crítico*. Si observamos cómo vivimos, siempre condenados a movernos entre el pasado y el futuro, sin apenas capacidad para estar mínimamente en el presente, no cabe duda de que es una técnica muy recomendable; conseguir vivir en el momento con total plenitud es ya un gran logro. Pero este no es el objetivo último, ¿qué sentido tiene vivir con plenitud el momento presente si no sabes qué hacer con él?

Sayadaw U Pandita, Maestro birmano de *vipasana*, habla de una concentración momentánea a la que denomina *kanika samadhi* que es muy parecida, aunque con matices, a la definición del mindfulness "moderno" de Jonh Kabat Zin. La describe como "una atenta concentración a lo que ocurre momento a momento en el cuerpo y en la mente", pero anade que *solo* es la antesala de la práctica de *vipasana*. Es decir, tanto para obtener *kanika samadhi* como *vipasana*, es imprescindible desarrollar cierto nivel de concentración unipuntualizada, o *shi né*.

En este sentido lo que te ofrece "Mindfulness y mucho más" es la posibilidad de sumar a esta plena consciencia del momento presente las múltiples ventajas de desarrollar *shi né y vipasana*. Para este fin "Mindfulness y mucho más" subraya con gran énfasis la práctica que el Buda denominaba *anapanasati,* que consiste en observar la respiración con el propósito de sosegar la mente y establecerla en el aquí y ahora, entendiendo que este es el punto de partida para crear un estado de atención cada vez más firme. Es muy sencillo, es fácil emplazar la atención en la respiración porque siempre está presente, la respiración la llevamos con nosotros vayamos donde vayamos. Este ejercicio apacigua de inmediato la mente y relaja las tensiones físicas. Es una práctica al alcance de todos y cualquier persona la puede probar. Hoy día todos somos víctimas de la inquietud mental y la dispersión; incrementar la atención nos permite calmar la mente y hacerla más fuerte para afrontar los retos constantes que nos plantea la vida.

Es obvio que esta no es una técnica tan sutil y sofisticada como trabajar con los pensamientos y los conceptos, como se hace en las meditaciones del Lam Rim, por ejemplo; para este siguiente paso necesitamos aprendizaje y adiestramiento.

También usamos una práctica muy simple que viene del Mahamudra denominada, "dejar la mente en su estado natural" (se describirá más adelante). Y nos anclamos en cuatro apoyos denominados los cuatro amigos, o los cuatro infinitos, son: el amor, la compasión, la ecuanimidad y la alegría. Todos ellos producen bienestar porque abrir el corazón causa una gran satisfacción, independientemente de cuáles sean tus creencias. ¿Quién no desearía incrementar el amor y los sentimientos compasivos que ya tenemos hacia nuestra familia y amigos, para hacerlos extensivos a todos los seres con los que compartimos el planeta? ¿Quién no querría para sí un estado mental tan gozoso?

En el capítulo quinto del *Bodhisatvacaryavatara*, el sabio Shantideva (del siglo octavo) nos habla de la atención y la concentración con estas palabras:

Quien conoce la realidad dice que la recitación (de mantras) y otras disciplinas, aún practicadas durante largos periodos de tiempo serán insignificantes si la mente está distraída. (Cap V. 16)

El Buda dejó todo un legado de enseñanzas que se conocen como Dharma. Todas estas enseñanzas tienen un común denominador: la capacidad de proteger nuestra mente de los estados mentales que nos perturban. El Dharma de la tradición tibetana se puede sintetizar en tres grandes bloques de enseñanza: Lam Rim, Lo Yong y Mahamudra.

El Lam Rim presenta de una manera fácil y ordenada todas las prácticas que llevan al practicante desde el estado ordinario al estado Iluminado. El Lo Yong, recoge un conjunto de técnicas cuyo objetivo es transformar las circunstancias adversas de la vida en el combustible que alimenta el motor de nuestro progreso interior hacia estados de Perfección. Por último, el Mahamudra ofrece elaboradas instrucciones para llevarnos a la experiencia, en primera persona, de la verdadera naturaleza de nuestra mente, nos revela nuestra esencia: Nos transporta desde los niveles más burdos y básicos a los más sutiles y refinados, hasta colocarnos cara a cara con nuestra naturaleza última.

El estudio y conocimiento de estas disciplinas forman parte del "…mucho más". Lam Rim, Lo Yong y Mahamudra, esos pilares básicos que constituyen la esencia del Dharma, ofrecen meditaciones analíticas (*vipasana*) y de concentración (*shi né*). Técnicas que se han venido utilizando desde hace casi tres mil años y cuya función es *transformar* aquellas actitudes y conceptos equivocados que tenemos acerca de la realidad, del mundo y de nosotros mismos. El propósito es ayudarnos a descubrir la naturaleza de la propia mente, esa gran desconocida.

Podríamos decir que esas enseñanzas milenarias conforman un apasionante camino de exploración del alma humana, trabajando procedimientos muy efectivos. Si hemos cultivado previamente un sustrato de calma y relajación, estos procesos alcanzan su máximo potencial transformador y dan paso a la atención y la concentración. De ahí mi total convencimiento de que *Mindfulness y mucho más* es especial.

Por ejemplo, uno de los temas principales del Lam Rim es entender el valor de lo que técnicamente se llama *perfecto renacimiento humano*, dotado con ciertos dones y cualidades que lo hacen absolutamente único. Con el objetivo de valorar esa condición de la que gozas ahora mismo, se llevan a cabo una serie de meditaciones analíticas, o *vipasana*. Pero, si tu mente está inquieta y predomina la tensión, podrías provocar un efecto no deseado. Hacer las meditaciones preceptivas para apreciar el valor del perfecto renacimiento humano con una mente de stress podría crearte un incómodo sentimiento de apremio. Podrías angustiarte y caer en el extremo de pensar que estar con tu familia o con tus amigos son cosas demasiado banales y mundanas, podrías crear el inquietante sentimiento de que no estás aprovechando tu vida al máximo. Te sentirías a disgusto, y este no es el propósito.

En cambio, la misma meditación realizada desde un estado mental sereno, generará un sano aprecio por tu situación, te capacitará para reconocer las muchas posibilidades que tienes ante ti, y te llenará de energía para aprovechar al máximo todo tu tiempo, te inundará un auténtico sentido de plenitud y satisfacción por gozar de esa oportunidad. No debería haber tensión en tu mente mientras practicas esa refinada técnica.

Las meditaciones transformadoras y revolucionarias que nos ofrecen los textos de Lam Rim y el Lo Yong son "objetos de concentración" que se crean en la mente a través del análisis y la reflexión. Pero no es posible crear un objeto claro en la mente cuando está agitada, pues ofrece resistencia. Lo mismo sucede si lo que deseas es crear una Deidad tántrica, es mucho más difícil recrear una imagen mental de una deidad desde una mente inquieta. Por esta razón, un valor añadido de Mindfulness y mucho más, es que sirve como preliminar tanto para el Lam Rim y el el Lo Yong, como para las visualizaciones del Tantra.

Para explicar todo el contenido que encierra el término Dharma necesitaríamos decenas de libros como este. El propio Buda nos ayuda a entender tal magnitud con una analogía:

El Dharma es como un espejo. La mayoría de personas se miran en el espejo para ver cómo lucen, y se ponen o quitan algo para verse más favorecidos: tratan de mejorar su imagen a partir de lo que refleja el espejo. Pero un espejo común no puede ayudarnos a evaluar lo qué está bien y lo qué está mal en nuestro interior, no nos advierte de qué poner o qué quitar en nuestra amalgama de experiencias vitales.

Pero si dejamos que el Dharma sea el espejo en el cual nos miramos cada día, nos llegaremos a conocer muy bien. El espejo del Dharma jamás refleja una imagen engañosa que nos atrapa en una vorágine de situaciones que no deseamos, sino que nos capacita para ser honestos con nuestra propia vida y entorno.

A propósito del Dharma o filosofía budista, John Kabat Zin, creador de Mindfulness moderno aplicado a la reducción del estrés y otras patologías, hace una considerable apreciación del origen de la técnica que está haciendo tan popular:

Bien podríamos considerar al Buda como un genio de su época, un gran científico, una figura tan destacada como Darwin o Einstein, que sólo disponía de la herramienta de su mente para investigar la naturaleza del nacimiento y de la muerte y la aparente inevitabilidad del sufrimiento. Para llevar a cabo su investigación, Buda tuvo que empezar entendiendo, desarrollando, perfeccionando y aprendiendo a calibrar su instrumento (es decir, su mente), igual que los científicos de laboratorio se ven hoy en día obligados a desarrollar, perfeccionar y calibrar los utensilios empleados por la ciencia para expandir sus sentidos – gigantescos telescopios ópticos o radiotelescopios, microscopios electrónicos o escáneres TEP (tomografía de emisión de positrones)– y adentrarse luego en la exploración de la naturaleza del universo y del inmenso conjunto de fenómenos interconectados que se despliegan en su interior, ya sea en el dominio de la física y de los fenómenos físicos, como en el de la química, la biología, la psicología o cualquier otro campo de investigación.

Para afrontar este reto, el Buda y sus seguidores llevaron a cabo una exploración profunda sobre la naturaleza de la mente y de la vida, y sus esfuerzos de autoobservación les condujeron a descubrimientos muy interesantes que les permitieron diseñar el mapa de un territorio por esencia humano que todos compartimos, independientemente del contenido concreto de nuestros pensamientos, creencias y culturas. Los métodos que utilizó y los descubrimientos a los que condujo su investigación son universales y no tienen que ver con "ismos", ideologías, religiones, creencias o dogmas. En este sentido, se asemejan a los descubrimientos realizados por la ciencia y la medicina, son marcos de referencia que pueden ser comprobados por cualquier ser humano, como desde el primer momento sugirió el Buda que hicieran sus seguidores.

En 1995 estuve en el Tíbet con Marta, mi esposa, y con nuestro Lama, Gueshe Tamding Gyatso. Una de las salidas que hicimos desde Lhasa fue para visitar los restos en proceso de reconstrucción del monasterio donde él había vivido y estudiado: El Monasterio de Ganden, concretamente Ganden Shartse. Erigido encima de una colina, cerca, muy cerca del cielo, a unos 5200 metros por encima del nivel del mar, rodeado solo de verdes y plácidos valles que se extendían por el horizonte hasta donde alcanzaba la vista.

Era fácil imaginar la vida de nuestro Lama allí, a finales de los años cuarenta y principios de los cincuenta, estudiando, debatiendo, meditando. Si piensas unos instantes en cuál debía ser su estado mental en ese paraje, sin radio, ni televisión, ni prensa, ni móviles, ni whatsap, ni ordenador, ni coches, ni tan siquiera electricidad, solo el graznido de los buitres y el murmullo de las oraciones de los monjes o sus cantos sagrados. ¡Nada que ver con nuestra locura cotidiana! Con un estado mental libre de distracciones externas la atención puede enfocarse fácilmente en lo que uno desee y quedarse allí a placer, familiarizándose, cultivando estados mentales que producen bienestar y paz interior.

Este estado general de sosiego, le permite al meditador entrar en *vipassana* para lograr una penetrante comprensión de lo que ocurre y cómo funciona el mundo interior de nuestras emociones, y el mundo externo que nos envuelve.

De este modo:

1) Identificamos lo que acontece en la mente.

2) Entendemos cómo nuestras experiencias afectan a nuestras sensaciones.

3) Y cómo las sensaciones condicionan nuestra forma de reaccionar, a menudo, de modo negativo.

Aprendemos a ver con más precisión la naturaleza de la realidad; quiénes somos, qué hacemos en este mundo, por qué tenemos determinadas experiencias, qué relación existe entre lo que vivimos en el presente y nuestra actividad del pasado. Entendemos que estamos condicionados por ciertas tendencias, y descubriremos cómo detener este proceso.

La postura para meditar

Como ya hemos venido comentando en varias ocasiones, en la tradición tibetana *el propósito de meditar es familiarizarse con estados mentales* positivos. Tenemos que lidiar con las resistencias de la mente, generar calma y tranquilidad a nuestro alrededor y solventar un problema añadido para los occidentales poco habituados a sentarnos en el suelo: la postura. Una buena meditación requiere de una mente tranquila y atenta y esto, a su vez, depende de una correcta posición corporal.

La estimulación de los sentidos, las emociones de todo tipo, la información, los compromisos… nos estresan y nos sentimos zarandeados. La mente está inquieta, por ello, antes de abordar esos estados mentales positivos con los que deseamos familiarizarnos, es muy importante calmar nuestras energías para encontrar cierto espacio de estabilidad y calma.

Es preciso sentarse y, en poco tiempo, la mente se vuelve más serena y se relaja. Practicando con regularidad, nuestro nivel de estrés se reduce considerablemente y nuestro estado mental se vuelve más equilibrado.

Aunque no nos demos cuenta de ello, los pensamientos y preocupaciones que pululan en nuestro interior tienden a reflejarse en el cuerpo en forma de tensiones, rigidez e incluso enfermedades distintas. Por esto, en ocasiones, cuando alguien se encuentra en un estado inquieto y agitado en lugar de abordar la mente en primera instancia, es buena idea identificar en qué parte del cuerpo se refleja dicho malestar y procurar relajarlo, de este modo, se afloja también el estado mental que lo ha creado.

Uno de los muchos propósitos de la meditación es crear un espacio de descanso para la mente. La mente en nuestro estado habitual puede compararse a un recipiente lleno con agua turbia que agitamos continuamente. Pero, si la dejamos quieta, la suciedad que empaña el agua va posándose en el fondo y esta se vuelve clara; incluso podemos ver a través de ella.

No es solo una metáfora. A un nivel simple, meditar nos permite dejar de atiborrar la mente con información innecesaria e incluso destructiva, que nos hace saltar sin descanso del pasado al futuro. Meditar crea un espacio para que crezca la atención plena y podamos ver más allá.

La posición más recomendable para una buena práctica de meditación consta de ocho puntos:

1. *Colocar las piernas en la posición del loto o medio loto.* Las piernas cruzadas simbolizan dos elementos que nos conducen a la Iluminación: el método y la sabiduría. El "método" se refiere al amor y la compasión, la "sabiduría" es la mente que percibe la verdadera naturaleza de la realidad. Esta postura, además, nos proporciona un sentido de estabilidad, de conexión con la Tierra y actúa como el fundamento sobre el que construimos el resto de nuestra postura. *Podemos pensar que es un símbolo de la promesa que nos hemos hecho a nosotros mismos de ajustarnos al reposo durante el tiempo que dure nuestra meditación.* Este aspecto de nuestra postura nos ayuda a armonizar el *elemento tierra* de nuestro cuerpo, nuestra parte sólida: huesos, músculos y tendones, etc.

2. *La mano derecha se coloca encima de la izquierda, a la altura del ombligo.* Las yemas de los dedos pulgares se tocan suavemente, impidiendo así que se pierda la energía corporal. Este gesto o *mudra* simboliza la concentración y la liberación que surge de ella. Es la posición del equilibrio meditativo. La unión entre los dedos forma un triángulo

que simboliza el cuerpo, la palabra y la mente del Buda. El dedo pulgar derecho representa la mente altruista y el izquierdo, la sabiduría que comprende la vacuidad, el contacto simboliza la unión de ambos. *Esto, además, es un signo de la armonía entre los opuestos, o de la conveniencia de evitar los extremos.* Ya no deseamos sucumbir a la inquietud o al letargo, ni a los extremos emocionales, como la euforia o la depresión. Cuando los pulgares forman un triángulo y apuntan ligeramente hacia arriba, recuerdan la llama de una vela. Al igual que la llama quema aquello que toca, así también nosotros deseamos "quemar" los obstáculos que limitan el desarrollo de calma interna. Este segundo punto de nuestra postura armoniza el *elemento fuego* dentro de nuestro cuerpo, el que mantiene activa nuestra fuerza vital y le da energía a nuestro desarrollo personal.

3. *La columna vertebral debe estar erguida.* La consciencia cabalga sobre los llamados aires de energía o *pranas*. Mantener recta la espina dorsal permite que fluyan sin trabas por los canales internos, cosa que facilita la concentración. Esta posición favorece el fluir de los *pranas* por el interior de los canales y ello calma la mente. Aunque, si nos sentamos con la espalda demasiado rígida, es probable que nos sintamos inquietos y si, al contrario, la dejamos que se curve y se hunda, pronto sucumbiremos al espesor. Mantener la espalda recta permite que todas las energías que se encuentran en la parte superior del cuerpo —el sistema nervioso, el sistema linfático, las venas y las arterias, así como todos los canales de energía sutil que sirven de soporte a nuestra consciencia- circulen sin ninguna interrupción. De ese modo, se mejora nuestra vigilancia y tenemos menos probabilidades de sentirnos somnolientos o letárgicos cuando meditamos. Tener la espalda recta armoniza *el elemento agua* que se encuentra dentro de nuestro cuerpo: la sangre, la linfa y demás

secreciones corporales.

4. *La boca, la mandíbula y la lengua deben estar relajadas.* La punta de la lengua ha de colocarse apoyada en la raíz de los dientes superiores. Esto reduce la generación de saliva y mantiene relajada la mandíbula de manera natural.

5. *El mentón debe estar ligeramente hundido.* De este modo la cabeza se sitúa en su justa posición. Si está demasiado caída, produce somnolencia y si está demasiado levantada, causa distracción.

6. *Los ojos deben estar entreabiertos* y dirigidos hacia la punta de la nariz. En la práctica de "dejar la mente en su estado natural" se aconseja mantener los ojos abiertos, mirando ligeramente delante de ti.

7. *Los hombros deben estar nivelados y los brazos relajados, ligeramente separados del tronco.* Si los brazos se pegan al cuerpo producen mayor sudoración y somnolencia.

8. *Concentrarse en la respiración.* Empezamos prestando atención a la respiración, llevando la atención a la punta de los orificios nasales. En próximos capítulos desarrollaremos esta técnica.

La postura no debe ejercer presión en ninguna parte del cuerpo. Si mientras meditas el cuerpo está tenso te agotarás física y mentalmente. Para evitarlo, de vez en cuando haz un repaso para relajar las zonas rígidas.

Los últimos puntos de la postura de meditación –cuello, hombros, brazos, ojos, boca y mandíbula- nos ayudan a armonizar *el elemento aire* de nuestro cuerpo; la respiración y las demás energías sutiles que ayudan a que se produzca movimiento tanto en el cuerpo como en la mente.

Tener consciencia de estos siete elementos cada vez que adoptamos la postura de meditación, nos hace crear las condiciones necesarias para el desarrollo de la estabilidad corporal. A esto lo llamamos "consciencia plena de la postura". A medida que seguimos meditando, nuestra conciencia plena de la postura correcta nos ayudará a cultivar la estabilidad mental que tratamos de alcanzar a través de nuestra práctica.

Si necesitamos sentarnos en una silla, lo más importante a tener en cuenta es la posición de la espalda, recta pero no tiesa. Lo ideal sería no llegar a apoyarnos en el respaldo de la silla, para ser plenamente conscientes de nuestra columna. Igualmente, si tendemos a hundirnos en la silla, es fácil que acabemos adormilados. Los pies deberían estar apoyados con naturalidad en el suelo, quizá sobre un cojín con las piernas juntas o cruzadas en función de la comodidad. Los demás puntos pueden fijarse exactamente igual que cuando estamos sentados en un cojín.

La conciencia plena de la postura es importante no sólo al principio de nuestra meditación, es esencial comprobar la colocación adecuada a lo largo de toda la sesión, especialmente para asegurarnos de que la espalda sigue estando recta y nuestros pranas fluyen libremente por el canal central.

Relajar y Serenar Nuestras Energías

En los cinco días de retiro en silencio de "Mindfulness y mucho más[1]" que organizamos varias veces a lo largo del año, las sesiones de meditación empiezan prestando atención a tres de los sentidos físicos: el del tacto, el de la vista y el del oído.

La primera etapa empieza centrándonos en el sentido del tacto. Procuras desarrollar una consciencia general del cuerpo, desde la coronilla hasta las plantas de los pies, poniendo especial cuidado en *aflojar* cualquier tensión que detectes. Se trata de una atención difusa que no se enfoca en un punto concreto, es una especie de *"vipasana light"* cuyo objetivo es, únicamente, detectar los músculos tensos para tener ocasión de relajarlos, identificar las zonas rígidas para poder aflojarlas.

La segunda etapa consiste en tomar consciencia de lo que sea que surja en el campo auditivo en el momento presente. Si se produce un ruido, simplemente sé consciente de él, sin entrar en especulación alguna, sientes la aparición y desvanecimiento de ese ruido en cuestión sin reaccionar, te limitas a detectar la vibración que llega a tu oído. Buda decía "de lo que escuchas, solo lo que escuchas" se refería a que los sonidos son objetos del sentido auditivo exclusivamente, y no del resto de los sentidos.

La tercera etapa radica en ser consciente de lo que sea que aparezca al sentido de la vista. Con los ojos abiertos, efectúa el mero acto de percibir forma y color, sin entrar a valorar lo

---

1 Ver. www.escuelalaicadebudismoymeditacion.com

que ves. Y en este contexto, Buda decía "de lo que ves, solo lo que ves" refiriéndose, como antes, a que la forma visible es el objeto del sentido de la vista y no de los demás sentidos. Forma visible significa aspecto y color. Permanece en este estado, consciente de lo que aparece al sentido de la vista sin aferrarte ni conceptualizar sobre lo que ves.

Estos tres ejercicios nos ayudan a apartarnos del pasado y el futuro y nos sitúan en el momento presente. Aplicamos la atención momento a momento al estado del cuerpo, eliminamos tensiones físicas. Tanto para aquellas personas que, simplemente, desean vivir su vida con más calma como para las implicadas en una búsqueda espiritual, los beneficios son inmediatos.

La experiencia contrastada en los retiros de "Mindfulness y mucho más" demuestra que estas tres prácticas constituyen una excelente manera de ubicar la mente en el momento presente, permaneciendo en él sin emitir juicios sobre cómo deberíamos sentirnos o estar; simplemente localizando la tensión y liberándola al exhalar. Es el mero reconocimiento de lo que ocurre en tu campo visual y auditivo, sin formular valoraciones, solo sintiendo los distintos ruidos y percibiendo las distintas formas y colores, evitando reaccionar de un modo inatento.

Muchas de las personas que asisten al retiro de cinco días de "Mindfulness y mucho más" meditan por primera vez. Si ninguna vez antes habían tenido contacto con la meditación, al inscribirse para participar, formulan indefectiblemente esta pregunta: "Nunca he meditado… ¿Me costará estarme quieto tanto rato? ¿Voy a poder hacerlo?".

¡Por supuesto! ¡Todos lo consiguen! Y quienes no están acostumbrados a sentarse en un cojín de meditación, a la oriental, y tienen verdaderos problemas para mantenerse con las piernas cruzadas, tienen la opción de hacer la práctica completamente estirados en el suelo, con la espalda bien apoyada, las palmas de las manos hacia arriba y las piernas un poco separadas. Similar a lo que los practicantes de yoga conocen como *savasana*, la postura de relajación después de una sesión de asanas.

Dicen los textos que "la mejor postura es el loto completo o semi loto" y es cierto, ¡para quién la pueda resistir! Es importante subrayar que la postura es solo un medio para tener el cuerpo en óptimas condiciones de relax y buena predisposición para la práctica. Si no nos funciona una, mejor probar con otra.

No obstante, se hace muy evidente, a medida que avanzan las sesiones, que esas mismas personas que nunca se han sentado con las piernas cruzadas en el suelo, cada vez se mueven menos, sienten el cuerpo más ligero y respiran con gran placidez, signo inequívoco de quietud. Buscar el equilibrio y el camino medio es tarea del meditador. Incluso alternar una sesión sentados con piernas cruzadas, otra estirados en el suelo, y otra sentados en una silla da buenos resultados.

El primer día del retiro se respira un cierto grado de zozobra entre los principiantes aunque, gradualmente, empieza a ser sustituida por una atmósfera de calma general que se palpa en el ambiente. Una gran parte de la inquietud proviene de "no tener nada que hacer". Desconectar de la agitación habitual nos inquieta. Estar en silencio, sin acceso al móvil, a la tablet y otros dispositivos electrónicos nos deja como desnudos y nerviosos, pero es un primer paso imprescindible para saborear el gozo de la atención plena en la respiración y sumergirnos en nuestro mundo interior.

Si te encuentras tenso, es bueno hacer unos estiramientos para relajar el cuerpo y la mente antes de empezar a meditar. Los tibetanos tienen otro método para calmar la mente, recitan sutras o textos clásicos. Claro que, para ello, debes estar motivado y tener una idea clara del significado críptico del Sutra. De no ser así, no le ves grandes beneficios a la recitación. Sin estos elementos, cuando un occidental recita el *Sutra del Corazón*, por ejemplo, no es seguro que le sirva para desconectar y relajar la mente… Quizá podría incluso provocar el efecto contrario. Lo que dice el *Sutra del Corazón* es que las cosas no existen de modo sustancial o desde su propio lado. Si bien es cierto que a un tibetano cultivado, recitar este texto le ayuda a apaciguar su actividad mental, *no es solo gracias a la recitación,* sino porque conoce el inmenso contenido que encierra este Sutra y lo pronuncia con devoción y fe. Con estos ingredientes la recitación puede calmar la mente, sin ellos, no es muy seguro que lo haga.

Pero meditar en la respiración sí produce calma y sosiego. Se ha comprobado en distintos campos de investigación y con distintos tipos de personas. Son efectos muy positivos que debemos destacar.

Meditar en la respiración: Anapanasati

Prestar atención a la respiración se denomina a*napanasati*. *Sati* es atención en pali. *Anapana*, significa respiración. Además de relajar las resistencias iniciales, buscando puntos de tensión para relajarlos, como se ha explicado en el capítulo anterior, durante los primeros días del retiro, se presta atención al movimiento que produce la respiración en el abdomen. Es un campo de trabajo bastante amplio, localizar el movimiento abdominal está al alcance de cualquiera y a muchas personas les resulta más fácil que empezar enfocándose en los orificios nasales, que es el paso siguiente o segunda opción.

Una instrucción para practicar *anapanasati* que no deja de enfatizarse durante todo el retiro es, "no alterar, ni interferir en absoluto el ritmo de la respiración". Aprender a "no hacer", simplemente permitir que la respiración fluya a su ritmo. Nuestro único trabajo es permanecer en ella… ¡Parece fácil, pero no lo es! Dos de los beneficios de no interferir en el proceso de la respiración es que 1) se profundiza el nivel de calma y quietud y, en consecuencia, la atención se refuerza; 2) se aquieta el incesante monólogo interior.

Buda decía que para aquellas personas con mucha actividad conceptual, concentrarse en la respiración es la mejor meditación. En este sentido es la meditación ideal para nuestro mundo moderno. Prestar atención a la respiración puede parecer poco excitante, pero aunque solo se le dedique un mínimo de esfuerzo, cualquiera puede notar algunos de sus beneficios:

1) La mente se calma y se tranquilizan nuestras energías. Los elementos que agitan la mente son el apego, la aversión, los estados de tristeza o la dispersión. Las distintas y variadas aflicciones mentales disminuyen su intensidad cuando nos concentramos en la respiración.
2) Beneficia la salud física pues nuestros ritmos vitales se equilibran.
3) Gozar de un cuerpo sano favorece la calma mental y proporciona mayor capacidad de enfoque.
4) Puesto que las aflicciones mentales pierden fuerza, afloran al exterior de una manera cada vez más esporádica.
5) El ansia exagerada por los placeres sensoriales disminuye.
6) Llegas a penetrar en la verdadera naturaleza de la realidad, y así superas definitivamente el malestar.

Los obstáculos que nos impiden meditar no están fuera, como solemos creer, sino en la propia mente. Una atención inestable cae siempre en dos extremos muy nocivos:

1. Distracción: hiperactividad interna.
2. Hundimiento: estado mental de tono bajo, espeso y débil.

Esta situación dual se hace evidente para cualquier persona que cierra los ojos por vez primera e intenta centrar su atención; se da cuenta de que le falta vigor, nervio, la mente no obedece, está endeble. La paciencia y la perseverancia son necesarias porque estos inconvenientes disminuyen con el tiempo.

Tanto el hundimiento como la distracción están siempre activos en la mente, no son exclusivos del proceso meditativo. Por ello, no es de extrañar que a menudo la inquietud, la agitación y la desolación se instalen en nuestras vidas pues subimos y bajamos lanzados desde una montaña rusa emocional sin fin. Algunos lo llaman "la condición humana". El Buda nos habla de "insatisfacción congénita" y nos insta a reconocerla y explorarla como primer paso para ganarle la batalla.

Una mente agitada e inquieta crea constantes impactos negativos en el cuerpo. Nadie discute hoy día la estrecha relación entre las emociones que afligen la mente y la salud física. "Mindfulness y mucho más" enfatiza la práctica de *shi né*, que calma y pacifica la mente desde su raíz. Cuando la mente está tranquila y serena, disminuye de modo natural el ansia que la empuja a saltar de un sitio a otro. Sin ansia y aferramiento tus experiencias de placer serán más gratificantes, pues no deseas obstinadamente poseerlas. Las vives, las disfrutas, las compartes, pero no te obsesionas por retenerlas, y así le das esquinazo a la frustración. Por estos motivos, Buda decía que los que gozan de *shi né o permanencia apacible,* viven más felices.

Desarrollas permanencia apacible en tu retiro, la disfrutas en tu vida cotidiana.

Una vez se tranquilizan los ritmos del cuerpo, liberando tensiones, se crea el espacio necesario para estar más en el presente y poder observar la respiración en el abdomen. Así, a partir del segundo día de retiro de "Mindfulness y mucho más", se te ofrece la posibilidad de trasladar el enfoque desde el abdomen a la punta de la nariz, y alternarlas según sea el estado mental.

La respiración tiene distintos modos y matices dependiendo del momento. A veces se agita, otras se hace casi imperceptible, pero tenga la calidad que tenga, simplemente la sigues, sin interferir para hacerla más larga, más corta, más profunda o más superficial. Observa el proceso respiratorio tal y como se presenta, sin influenciarlo desde tu voluntad

Pregúntate: "¿Qué fuerza es la que desea interferir y alterar la respiración? ¿Es el yo? ¿Controlo la respiración? ¿Qué naturaleza tiene esa entidad que desea interferir? ¿De dónde surge este ansia por tenerlo todo bajo control? ¿Es posible, realmente, controlar algo? ¿Controla el yo el cuerpo? ¿Controla la mente?"

Más adelante, en nuestra práctica de *vipasana* estas cuestiones serán importantes. El resultado de esta investigación te dejará cara a cara con la ausencia de un yo sólido y no cambiante, que cree controlar y ser responsable del cuerpo y de la mente.

Nuestra mente se encuentra en un estado habitual que nadie nos ha tenido que enseñar, ya venimos con él:

1) La presencia de una corriente ininterrumpida de pensamientos, recuerdos y proyecciones sobre el futuro.
2) La tendencia enraizada de *dejarnos llevar* por esa corriente, de aferrarnos a ella cuando, en muchas ocasiones, sería mejor no hacerlo.

Uno de mis Lamas solía decir: "En el Tíbet no teníamos televisión. Nos entreteníamos con el mayor de los espectáculos: la mente. Observando tu proceso mental encuentras gran variedad de géneros: drama, intriga, comedia, terror… Imagina cómo sería tu vida si fueras capaz de no aferrarte, ni dejarte llevar por los pensamientos negativos o los estados alterados de consciencia.

En "Mindfulness y mucho más" abordamos directamente esta tendencia que, en ocasiones, puede ser muy destructiva. *Anapanasati* corta con esa corriente ininterrumpida de "contenido mental" que nos altera. En realidad, es una práctica necesaria porque cortamos con un hábito cuyo origen procede de tiempos inmemoriales, y cuya influencia incide en nuestro estado de ánimo de una manera determinante.

En *Apanasati* cada vez que identificas pensamientos o distracciones, los dejas a un lado y regresas a la respiración. En el proceso notarás que te sigues distrayendo, pero cada vez reconocerás más deprisa la distracción y regresarás a la respiración.

En próximos capítulos aparece la práctica de "dejar la mente en su estado natural", sirve para aprender a no ser esclavo del contenido en tu continuo mental; a no aferrarte a él. Esta técnica nos da la opción de elegir cómo reaccionar ante el fluido continuo de pensamientos.

Meditar requiere cierto esfuerzo pero éste debe ser mesurado: ni demasiado, ni demasiado poco. La meditación es el arte de equilibrar los extremos. Evita forzar más de la cuenta. Cuando te distraigas, no pienses que la solución es tensar para concentrarte mejor. Es un error muy frecuente, en cambio, lo adecuado es relajar la mente y permitir que la atención recupere el hilo de la respiración: era lo que estabas haciendo y te olvidaste de hacer durante unos segundos.

Ante la distracción, *relaja*; ante el hundimiento, *refuerza la intensidad* con la que sostienes la atención. Evita esa tendencia de querer superar la distracción aplicando una tensión e intensidad exageradas. Solo empeoras las cosas.

Hay una alegoría del Buda con respecto a *Anapanasati*, que aparece en la página 259 de un texto muy famoso, *Sendero de Purificación*, de Budagosha (siglo 5 después de Cristo)[2]:

Cuando se perfecciona y cultiva la concentración por medio de la atención a la respiración, cuando se perfecciona y cultiva, es apacible y sublime, una morada de néctar. Dispersa y calma al instante pensamientos y estados mentales negativos cada vez que salen.

---

2   Bhadantācariya Buddhaghosa fue un budista theravada del siglo quinto, comentador y erudito. Su nombre significa "Voz de Buda" en el idioma pali. Su trabajo más notorio es el *Visuddhimagga*, or Sendero de Purificación, un resumen y análisis comprensible de la comprensión theravada del sendero de Buda a la liberación. Las interpretaciones que explica Buddhaghosa generalmente han constituido la comprensión ortodoxa de las escrituras theravada desde al menos el siglo doce. Generalmente es reconocido por eruditos occidentales y theravadas como el comentador más importante de esta tradición budista.

"Perfecciona y cultiva" significa que al implicarte en la meditación en la respiración se calman de inmediato conceptos y distracciones. Una mente en calma está lista para cultivar el objeto elegido para meditar. El término sánscrito *bhavana* se suele traducir como "meditación" cuando en realidad su significado es "acostumbrarse", "familiarizarse". De ahí que el Buda diga "perfecciona y cultiva".

"Una morada sublime de néctar" significa que el mero hecho de enfocarte en la respiración te hace experimentar una quietud y una paz interior muy especiales. Una visión excesivamente materialista de la vida plantea como experiencia sublime que nos toque la lotería, o nos llamen para el trabajo de nuestra vida, o que esa persona especial corresponda por fin a nuestros sentimientos. Es la asunción inarticulada de que un estado sublime ha de venir, necesariamente, de *poseer* algo o a alguien que consideras sublime.

Lo que reza el verso, es todo lo contrario, el *néctar* no lo proporciona *eso* que deseabas y has conseguido, sino que una característica muy especial de la consciencia aparece cuando eres capaz de prestar atención a un objeto: calma, serenidad, bienestar interno. No es algo que viene de fuera, sino una cualidad que ya está en la mente, ya está en ti. Es una experiencia incomparable que descubres a medida que progresa tu atención, aunque sea en un objeto neutro como la respiración. Y ni que decir tiene, si a esta experiencia le sumas que te ha tocado la lotería o que eres afortunado en el amor… ¡Tanto mejor! Una no niega la otra, solo apunta que cuando las cosas externas no van según nuestros deseos, somos víctimas del desencanto y la frustración. El néctar interior, en cambio, solo depende de nuestra voluntad, está al alcance de la mano.

Como se ha comentado anteriormente, una de las propiedades terapéuticas de meditar en la respiración es que las aflicciones mentales (skt: *kleshas*) pierden fuerza. No significa que te hayas liberado de ellas definitivamente pero, puesto que la mente se vuelve más robusta, tiene más músculo, puedes dispersarlas cuando aparecen. El cuerpo y la mente están interrelacionados, los procesos mentales se reflejan en el cuerpo y viceversa. La ira, la avaricia, el deseo obsesivo y tantos otros estados mentales destructivos, dan paso mentes alteradas y, a menudo, irreparablemente tristes.

Hay un valor tremendo, pues, en despertar estados mentales positivos como la generosidad, el amor, el altruismo o la compasión porque aportan felicidad a la mente. *Anapanasati* te permite acariciar un hecho que nunca deberías obviar: el cuerpo y la mente tienen una increíble capacidad para incrementar su propia salud y bienestar.

Pasado y Futuro
Silencio en el presente

Como se ha comentado, un propósito de "Mindfulness y mucho más" es acostumbrarnos a prestar atención continua y relajadamente al proceso de respirar durante la sesión de meditación. Budadhasa, gran Maestro tailandés, lo definía así: "Estar con la respiración". Parece fácil, pero no lo es. Para lograrlo no hace falta, exclusivamente, un intenso ejercicio de voluntad, sino que necesitamos, además, un toque de sabiduría. ¡Más vale maña que fuerza!

La experiencia en la práctica nos enseña que para estar con la respiración es preciso avanzar de modo gradual y relajado, nunca desde la obstinación.

En primer lugar, apártate del pasado, pensamientos, remordimientos, recuerdos... Es pura lógica, no es nada místico o mágico: ¿Cómo puedes estar atento a la respiración, que tiene lugar en el presente, si tu mente está llena de cosas que han sucedido en el pasado?

En segundo lugar, apártate del futuro, proyectos, inquietudes, expectativas. Buda decía que respecto al futuro, solo hay una cosa segura: será diferente a lo que especulabas. Es decir, la característica primordial del futuro es que resulta del todo impredecible.

En nuestras conversaciones habituales tenemos expresiones como: "La vida son cuatro días". "Vive el presente, carpe diem" Son expresiones que nos hacen parecer muy sensatos...Pero, seamos honestos, ¿cómo es posible vivir de una manera saludable el presente si no somos capaces de apartarnos ni por un momento del pasado o del futuro?

En tercer lugar, el silencio. Hay dos tipos de silencio: el externo y el interno. El primero resulta más fácil que el segundo y, en el retiro de cinco días, intentamos mantener silencio absoluto, hacemos el ejercicio de manejarnos durante toda la jornada sin hablar. Así se interioriza la energía de la mente y se crea de manera natural la condición necesaria para que la atención se vaya reforzando. Yoguis, meditadores y filósofos de todas las tradiciones advierten en sus enseñanzas de la cantidad de fuerza que perdemos por la boca. Incluso nuestros dichos populares nos lo recuerdan. "Por la boca muere el pez", "en boca cerrada no entran moscas", "somos esclavos de nuestras palabras y dueños de nuestros silencios"…

John Climacus, místico griego del siglo sexto perteneciente a la tradición cristiana ortodoxa y autor de *La Escalera del Ascenso Divino,* tuvo una gran influencia en el mundo monástico cristiano y decía así:

La charla descontrolada es el trono del orgullo desde donde uno se jacta. Es el signo de la ignorancia y la puerta de entrada a la calumnia; su fuerza disipa la atención y la vigilancia y oscurece la meditación y la oración.

En cambio hablaba del silencio inteligente del siguiente modo:

El silencio es la madre de la meditación, liberador de la esclavitud, protector de los pensamientos, espía de tus fuerzas negativas, compañero de la tranquilidad, amplificador del conocimiento, y una gran ayuda para refinar tu meditación. Quién conoce sus tendencias negativas procura controlar su lengua, quien habla demasiado se conoce muy poco.

Al guardar silencio, la actividad física y la mental se vuelven muy claras. El silencio verbal es la antesala del silencio mental, más profundo y revitalizante. El silencio ayuda a proteger la atención. Y, si se practica de un modo prolongado, se aquieta la cháchara interna, dando paso a un silencio reparador que promueve la tranquilidad, la estabilidad y el deleite internos de los que carecemos.

La charla distrae la atención y dispersa la energía. El silencio, en cambio, recoge esa energía para que podamos dedicarla a reforzar la atención. *Uno debe relajarse en el silencio y no inquietarse por no hablar.*

En el retiro no es aconsejable la interacción con amigos o con la pareja. Se procura cultivar un sentido de la soledad porque, tarde o temprano, deberemos enfrentarnos a ella. La propia vejez, la enfermedad y la muerte son procesos que deberemos afrontar en soledad. Los seres queridos pueden acompañarnos, pero no ponerse en nuestra piel ¿Estaremos preparados para ello?

En el *Anapanasati sutra*, Buda divide la práctica en dieciséis fases, y las cuatro primeras hablan de cómo enfocarnos en la respiración para desarrollar *shi né*. De este modo obtenemos la estabilidad y la claridad que nos servirán como preparativos para las fases posteriores en *vipasana*.

La atención a la inspiración y la exhalación, cuando ésta se despliega y se sigue, conlleva un gran fruto, un gran beneficio. Cuando se despliega, completa los cuatro marcos de referencia. Cuando éstos se despliegan, completan los siete factores de la Iluminación. Y cuando estos también se han desplegado, producen conocimiento claro y liberación.

¿Cómo se práctica la atención en la inspiración y exhalación para culminar los cuatro marcos de referencia?

Del siguiente modo: el monje se va al bosque y busca la sombra de un árbol, o se va a una morada vacía, y se sienta con las piernas cruzadas, y el cuerpo erguido, se establece esencialmente en la atención. Siempre atento, él inspira; siempre atento, él exhala.

Con la inspiración prolongada él sabe "la inspiración es larga".

Con la exhalación prolongada, él sabe "la exhalación es larga" Con la inspiración corta, él sabe "la inspiración es corta". Con la exhalación corta, él sabe "la exhalación es corta". Uno se adiestra de ese modo: "Inspiraré experimentando el cuerpo entero", "exhalaré, experimentando el cuerpo entero". "Inspiraré, relajando toda mi masa corporal en su conjunto, "exhalaré, relajando todas sus partes por separado". Extraído del *Anapanasati sutra.*

"Los cuatro marcos de referencia" a los que llamamos también "los cuatro fundamentos de la atención", son los puntos que se utilizan en la meditación *vipasana,* donde se presta cuidado: 1) al cuerpo, 2) a la sensación, 3) a la mente, 4) a los fenómenos.

Y el propósito de ello es darnos cuenta de tres características o aspectos fundamentales de la realidad que ahora mismo nos pasan desapercibidos: *anytsya* o transitoriedad, *dukha* o malestar, y *anatta* o ausencia de un yo sólido y estático. Ignorarlos nos aboca de pleno a la insatisfacción. Reconocerlos, en cambio, nos conduce a la liberación.

El objetivo de *vipasana* es estar atento, momento a momento, a todo lo que ocurre en tu cuerpo, en tus sensaciones, en tu mente y los fenómenos, con el propósito de percibir las tres características arriba mencionadas.

Vipasana significa "ver más allá de tus percepciones ordinarias" porque normalmente no percibes que el cuerpo, la mente y todo lo que nos envuelve son fenómenos transitorios; tampoco percibes que todo está impregnado por *dukha* o insatisfacción; o que un yo sólido y estático no existe. En tu estado normal, no tienes la experiencia vital, en propia carne, de estos tres aspectos fundamentales de la realidad.

Una forma muy simple de explicarlo es la siguiente: el propósito de *shi né* es calmar la mente; el propósito de *vipasana* es "ver más allá" de lo que ven los sentidos.

El maestro theravada, Siladanda en un comentario al *Satipathana Sutra* señala: "solo cuando hayas desarrollado concentración tendrás verdadera sabiduría y comprenderás la naturaleza de las cosas" Dando a entender que son complementarias.

Una de las diferencias entre ambas técnicas es que cuando te concentras en la respiración para obtener *shi né,* enfocas tu atención unipuntualizada *solo* en el proceso de respirar y no en percibir la naturaleza de las cosas. En cambio, cuando desarrollas *vipasana,* te mueves desde la respiración hacía lo que sea que acontece en cualquiera de tus seis sentidos.

La meditación budista en sus diferentes tradiciones se puede resumir en dos variantes: te concentras unipuntualizadamente como en el caso de *shi né,* o analizas para ver más profundamente la realidad, como en el caso de *vipasana.* Se practican alternativamente hasta que, de manera gradual, los dos llegan a formar un solo cuerpo. Por ello, *todo el tiempo que dediques a desarrollar la capacidad de tener la mente estable sobre un objeto, nunca es tiempo perdido.*

Mejorar la atención y la concentración se consigue practicando *anapanasati,* es decir, desarrollando primero *shi.né.*

Si la inspiración es larga, uno debe ser consciente de ello" -dice Buda- "y si la exhalación es larga, uno debe ser consciente también". La instrucción es clara, "si la inspiración y la exhalación son cortas", uno es consciente de esa brevedad.

Buda aconseja estar muy atentos al ritmo de la respiración, para ver si es profunda o superficial. Si la mente está tensa y turbulenta, el volumen de aire que necesitamos es mayor porque el sistema nervioso está muy activo, y la respiración se acelera; pero cuando el cuerpo y la mente se relajan, hay mayor quietud tanto en el plano físico como en el psicológico, y la cantidad de oxígeno que necesita el cuerpo disminuye, la respiración se aquieta. Si la respiración es corta o larga, eres plenamente conocedor de esta condición. Es decir, *sabes* que la respiración es larga o corta y no necesitas reflexión conceptual alguna para notarlo.

Cuando el Sutra hace referencia a "experimentar el cuerpo entero" se refiere a *todo el cuerpo de la respiración*, desde que entra hasta que sale el aire. No obstante., hay otras interpretaciones complementarias al respecto.

Empiezas siendo consciente de que la respiración es larga o corta, y profundizas en ella sin distracción hasta que entras en un fluido continuado, sereno y tranquilo. Vas de burdo a sutil, apaciguando más y más, sin perder la estabilidad y la claridad. En la última etapa, sigues todo el proceso: el aire entra, el aire sale, dentro y fuera, en un suave fluir. Vas desde la punta de la nariz hasta el abdomen, sin ninguna traba.

"Inspiras aflojando todo el cuerpo en su conjunto, y exhalas relajándolo parte por parte". Aquí, el Buda nos habla de un estado de equilibrio más refinado. El sistema nervioso se serena y se desvanece toda señal de inquietud.

La razón por la cual practicamos muy poco vipasana en nuestros retiros de "Mindfulnes y mucho más" es muy clara: nuestro objetivo es enfatizar el desarrollo de la concentración o *shi né,* más que profundizar en el proceso de análisis. Pues sin el primero es difícil abordar el segundo.

Hacemos sesiones que no sobrepasan los veinticinco minutos, en las que procuramos estar concentrados unipuntualizadamente en la respiración. ¿Por qué solo veinticuatro minutos en lugar de una hora, tal y como se hace en los retiros clásicos de *vipasana* que se practican en la escuela theravada? Este matiz es muy importante: La razón es que *shi ne* y *vipasana* son dos técnicas distintas, aunque al final ambas se acaban uniendo.

Cuando se trata de perfeccionar *shi né,* tanto los textos clásicos como la transmisión oral de los grandes Lamas tibetanos aconsejan hacer sesiones cortas, subdivididas en pequeños períodos. Esto tiene una razón de ser muy prudente y terapéutica; la mente es rebelde, se niega a estar sujeta a un objeto durante mucho tiempo, y si la forzamos creamos mayor resistencia. Por eso buscamos breves momentos de atención que van aumentando gradualmente.

Con el objetivo de incrementar la atención y la concentración, te amarras a la respiración, con la fuerza justa y con la mente tranquila. Si logras estar atento un minuto sin alteraciones, sigues. En el momento en que te pierdes, habrá terminado una *sub-sesión*. Acto seguido, te apartas de la distracción y regresas a la respiración tratando de volver a estar atento. Así, hasta concluir los veinticuatro minutos. De este modo se va desarrollando la capacidad de estar dos, tres, o cuatro minutos concentrado, insistiendo una y otra vez, repitiendo las veces que haga falta. Este es, precisamente, el motivo por el que no es aconsejable hacer sesiones muy largas, pues agotarían nuestra energía. Hacer sesiones cortas es ideal para:

1) Desarrollar el poder de la atención.
2) Calmar la mente.
3) Experimentar cierto deleite y gozo.
4) Evitar la distracción y el hundimiento.

Todo ello nos llena de confianza y determinación para seguir avanzando en el inspirador sendero de la meditación.

Dejar la mente en su estado natural

Además de desarrollar *shi né* concentrándonos en la respiración o *anapanasati*, en "Mindfulness y mucho más" usamos otro objeto de meditación complementario que se denomina "dejar la mente en su estado natural". Es ideal para personas propensas a la turbulencia y a la agitación mental. Esta práctica nos sirve, entre otras cosas, para liberarnos de las oscilaciones habituales de la mente, permitiendo que se instale en su estado básico. Con estas dos meditaciones -*anapanasati* y dejar la mente en su estado natural- desarrollamos una atención y calma especiales que nos proporcionan un excelente telescopio para explorar nuestra naturaleza interior.

De modo específico, la práctica de dejar la mente en su estado natural, nos ayuda a entender y reconocer la naturaleza y funciones de la mente, lo cual es importante porque, como dice el *Dhammapada*:

La mente es el elemento creador de todo lo malo. La mente es lo principal, cualquier condición negativa es creada por la mente. Si con una mente envilecida uno habla o actúa, el dolor se pegará a sus talones como la rueda sigue al buey.

La mente es el elemento creador de todo lo bueno. La mente es lo principal, todo lo positivo es creado por la mente. Si con una mente limpia uno habla o actúa, la felicidad le acompañará como la sombra sigue al cuerpo.

El gran yogui tibetano del siglo once, Milarepa, solía decir que no es posible llegar a tener una experiencia clara de la naturaleza de la mente únicamente a través de la lectura o el estudio: La mente solo se llega a conocer observando la mente misma: este es el objetivo de la práctica de dejar la mente en su estado natural.

Un día, el gran yogui Milarepa (1052-1135)estaba en su cueva meditando cuando dos visitantes llegaron para tener una charla con él.

"Vives en soledad. ¿No te sientes solo?"

"Siempre he vivido con alguien. Nunca he estado solo,"respondió.

"Pero, ¿con quién estás?" Preguntó el más joven.

"Con mi bodhichita[3]".

"¿Y dónde está?"

"En la casa de mi consciencia".

"¿Qué tipo de casa es esa?" Preguntó el más anciano.

"Está en mi propio cuerpo".

El hombre pensó que Milarepa se estaba mofando de ellos. Y le dijo a su acompañante "Vámonos, estamos perdiendo el tiempo – está siendo sarcástico."

El joven respondió; "No, espera, quizás podamos aprender algo." Se dirigió de nuevo a Milarepa.

"¿Quieres decir que la consciencia es la mente y el cuerpo es la casa?"

"Sí, esto es exactamente lo que digo". Respondió Milarepa.

"En una casa ordinaria, muchos pueden vivir – pero ¿cuántas mentes diferentes pueden vivir en un cuerpo?" Siguió inquiriendo el joven.

"En general solo vive una mente. Pero esta noche, busca en tu meditación a ver si hay más de una habitando en tu cuerpo" le respondió Milarepa.

Los visitantes se fueron de regreso a su casa. El joven meditó aquella noche, y regresó temprano al día siguiente para seguir hablando con Milarepa.

"¡Oh Guru! La pasada noche medité, y como dices, es una

---

3   Bodhichita. Deseo altruista caracterizado por dos pensamientos: el deseo de llegar a la iluminación y hacerlo para beneficio de todos los seres.

mente. Pero hay algo extraño en ella… no puedo describir ni la forma, ni el color de esa mente. Si corro tras ella, no la puedo alcanzar. Si quiero matarla, no se muere. Cuanto más rápido voy, más veloz es ella. Es imposible de encontrar. Cuando imagino que la he atrapado, no la puedo retener. Si intento dejarla quieta en un lugar, no se queda. Cuando la suelto, no se mueve. Si trato de reunir sus partes, no se juntan. Si trato de ver su naturaleza, rehúsa ser vista. Estoy, pues, confundido acerca de lo que es. No conozco su naturaleza, pero no puedo negar que esté allí. Por favor, dime qué es la mente."

"¡No esperes que yo pruebe el azúcar por ti!" exclamó Milarepa. "El sabor del azúcar de caña no puede ser visto con los ojos, ni escuchado con los oídos: Solo tú mismo podrás descubrirlo degustándolo. Debes meditar en ello. Recuerda, la mente no es lo que alguien te describa. No es posible describir la mente. Esto solo son las claves superficiales… Utilizando estas claves deberás obsérvala por ti mismo. Solo puede ser vista por tu propia consciencia." El joven pidió más enseñanzas.

"Es inútil" le dijo Milarepa. "Vete a casa, y regresa mañana a decirme de qué color es tu mente y qué forma tiene, y si reside en tu cabeza o en la punta de tus dedos del pie". Al amanecer del día siguiente el joven regresó.

"Has examinado tu mente?" Preguntó Milarepa.

"Sí, lo he hecho" El joven reflexionó pensativo. "La mente es una cosa que se mueve, su naturaleza es el movimiento. Su entidad básica es muy clara y transparente. La mente no se puede describir desde un color o una forma específicos. Identificarla con un color o una forma es imposible. Usando las puertas sensoriales, como el ojo que ve, la mente registra formas. Por la puerta sensorial del oído, la mente escucha sonidos. Por medio de la puerta sensorial del olfato, la mente huele. Con la lengua, la mente saborea. Usando las piernas, la mente camina. La mente es responsable de agitarlo todo. La mente cotillea; la mente crea desacuerdos; la mente produce resultados."

"Has podido observar el aspecto relativo de la mente" le dijo

Milarepa. "A través de esta mente convencional, acumulamos potencial negativo y así vagamos por el samsara. Has entendido bien la mente relativa. Ahora que tienes esta experiencia, si deseas que te dirija a la Ciudad de la Liberación, lo haré."

Así, el discípulo se consagró a Milarepa como su Guru. Muchos días después, Milarepa le preguntó su nombre. Era Upasaka Sanggyay-kyab, de solo dieciséis años.

En otra ocasión le dijo: "Esta noche medita para observar si es la mente lo que te protege y te ampara, o si es el cuerpo." Al día siguiente, el discípulo le informó que no parecía que fuese el cuerpo.

Milarepa hábilmente le guiaba hacia la meditación en la falta de esencia sustancial, el vacío, pero sin nunca mencionar ese término, lo hacía sin darle excesiva importancia. Solo después de enseñarle esta meditación y de que él tuviera la experiencia por si mismo, le diría a su discípulo que aquello era el vacío, y no antes. Este es un método efectivo. Al preguntarle a una persona si lo que le protege es el cuerpo o la mente, la obligas a realizar un profundo examen. Es una obviedad que alguien puede sentirse bien físicamente, pero mentalmente estar desconcertado, colérico o ansioso... Es la mente, en definitiva, la que nos proporciona protección, tanto en esta vida como en las futuras.

Estos, son los diferentes métodos que enseñó Milarepa y con los que dirigió a sus discípulos a través de la meditación en el vacío, la verdadera naturaleza de la mente.

Esta anécdota de Milarepa ocurrió en el siglo undécimo, pero más cerca en el tiempo, el gran Lama sakya, Deshung Rimpoche, que falleció en 1987, en su libro *Los Tres Niveles de Percepción Espiritual,* cuenta la anécdota siguiente. Parece ser que varios estudiantes insistieron a su Lama para que les diera instrucciones acerca de la naturaleza de la mente. El Lama conminó de este modo a tres de ellos: "iros a vuestra habitación, meditad y por la mañana regresad con alguna explicación sobre lo que es la mente" Así lo hicieron.

Al día siguiente, por la mañana, dos se acercaron al Lama para darle sus explicaciones. Uno de ellos le dijo: "la mente es blanca". El otro en cambio le dijo: "No, es negra". El tercero no dejó su habitación hasta el mediodía cuando, llorando, se acercó al Lama: "Oh Lama, no he podido dormir tratando de observar cómo funciona la mente o qué es. He fracasado. Parece ser que mis dos compañeros han tenido más fortuna porque han podido encontrar una respuesta. Yo no he podido descubrir dónde está, cómo es, o qué naturaleza tiene".

El Lama le respondió: "Si, estos dos han resultado ser un par de embusteros. Tú has sido sincero y has acertado. Ni tan siquiera Buda pudo señalar la mente como "algo" con forma, color, peso o aspecto"

Hasta hace bien poco, el campo de observación de la ciencia ha sido el mundo externo… y sus avances han resultado extraordinarios para la humanidad, no cabe duda. Sin embargo, el estudio de *esa mente* a la que se refiere Milarepa y la anécdota de esta historia, ha estado casi exclusivamente en manos de teólogos y filósofos. La ciencia a menudo ha puesto en duda la posibilidad de una existencia inmaterial, y solo ha estudiado la mente a través de métodos tangibles, recogiendo datos, relacionando y clasificando los diferentes comportamientos, estudiando las conexiones neurológicas. Por supuesto que todo esto nos ayuda enormemente a entender reacciones, conductas, desequilibrios psíquicos y demás alteraciones. Pero tratar de entender la mente *en su totalidad* midiendo solo los procesos físicos nos deja huérfanos de un conocimiento real y más profundo; estos métodos no son los únicos posibles.

Resulta apasionante que, ahora, una nueva generación de científicos se esté abriendo camino hacía modernas teorías que coinciden bastante con las que los sabios tibetanos de antaño ya describían.

Hace poco llegó a mis manos el siguiente artículo de una

revista especializada:

Esto es lo que afirmaba el Académico Rupert Sheldrake, (Ph.D), en su conferencia titulada *La Mente no es el cerebro*: "No sabemos lo que es la consciencia, la mente, ni lo que hace, y no hay explicación conocida o evidente de cómo funciona". Su conclusión, basada en una investigación precisa fue… "La mente es parecida a un dominio, o un espacio. No está limitada o ceñida al interior de la cabeza".

Hay una creciente aceptación de las tesis del Doctor Sheldrake entre los expertos, algunas de las cuales presenta en su conferencia. De hecho, los estudios sobre la mente, se han convertido hoy una de las áreas de estudio más interesantes.

El neurociéntifico ganador del Premio Nobel, Professor John Eccles, declaró en la *Horizon Research Foundation* que la mente no puede ser reducida a los procesos celulares del cerebro.

Según un artículo en la web de esta notable Fundación inglesa "Nunca podremos explicar la formación de la consciencia a través de los procesos eléctricos y químicos del cerebro"

Para los escépticos es importante hacer notar que todos los artículos en la web de la *Horizon Research Foundation* son elaborados y revisados por científicos directamente implicados en esta investigación.

En otro artículo muy bien documentado, *Steps Towards Solving the Mystery of Consciousness*, se insiste en el concepto de la consciencia que sobrevive a la muerte cerebral. "La consciencia parece estar presente en un diez o un veinte por ciento en aquellos con parada cardiaca" El autor explica que "las células cerebrales necesitan comunicarse usando impulsos eléctricos… ¿Cómo es que tenemos un escenario clínico en el que hay una disfunción cerebral grave, del peor tipo posible, con ausencia de actividad eléctrica en el cerebro, pero de algún modo persisten los procesos conceptuales, con razonamiento, formación de memorias y consciencia, incluso de manera acentuada?"

Y el Dr B. A Wallace señala:

Pero ¿qué podemos decir acerca de la naturaleza real de estas correlaciones observadas entre las experiencias subjetivas y los patrones de actividad en el cerebro? Los neurocientíficos más reputados andan, por decirlo, bastante despistados –no entienden la relación. Ellos pueden observar patrones y correlaciones pero no pueden explicar de qué modo la realidad subjetiva emerge del cerebro. De hecho, no hay evidencia alguna de que las propiedades subjetivas de la experiencia, tal como el color rojo que observas, ocurra dentro del cerebro. A pesar de ello, esta asunción metafísica no verificada impregna el punto de vista moderno científico.

No hay tecnología para medir de modo objetivo la presencia o ausencia de dolor. Si visitas a un neurólogo y te quejas de dolor severo, te preguntará que clasifiques tu dolor en una escala subjetiva de once puntos definidos por un diagrama que muestra una serie de rostros esbozando muecas de dolor de distinta intensidad. Pero el médico no tiene manera de verificar si le dices la verdad. De modo similar, si informas de que te sientes deprimido, ansioso, o feliz no hay instrumento para medir de modo objetivo estos sentimientos en tu cerebro o en cualquier parte de tu sistema nervioso, aunque ciertas partes del cerebro comúnmente se vean activas durante dichas experiencias.

Qué es la mente según la filosofía budista

De manera muy sucinta, el estudio de la mente en los textos clásicos que explican la mente y sus funciones (tib: *lo rig*) se suele presentar a partir de nuestros seis sentidos. Los cinco primeros son físicos: la consciencia visual, la auditiva, la gustativa, la olfativa y la del tacto. El sexto sentido o sexta consciencia, es la consciencia mental, la única que puede ser refinada e incrementada en su poder de manera ilimitada, especialmente, por medio de *shi né* y *vipasana*. Es el objeto principal en la práctica de dejar la mente en su estado natural.

En la consciencia mental albergamos cincuenta y un factores mentales como la concentración, la atención, la sensación, el amor, la compasión, la ecuanimidad, la aversión, el apego, la envidia y muchos otros. El propósito de estudiarlos es conocer los que son negativos para identificarlos, reducirlos e incluso eliminarlos.

Se suele definir a la mente con dos conceptos básicos, "claridad y capacidad de conocer o cognición". Aunque este es el estado original de la mente, esta claridad y cognición no son fáciles de percibir o experimentar, porque la mente está velada por la infinidad de pensamientos dispersos que ocultan su estado natural, como la suciedad que recubre un espejo. Si un espejo está empañado, no puede reflejar imágenes. Si agitas el agua de un estanque, el barro del fondo se mezcla con ella y la enturbia, pero si la dejas quieta, el barro vuelve a posarse y el agua se ve clara y transparente.

Según el primer Panchen Lama, Lobsang Chokyi Gyaltsen, (1570-1662) el término "claridad" se refiere al hecho de que, 1) la mente carece de cualquier forma física, por ello es como un espacio o un dominio y 2) la mente carece de contacto obstructor que impida que se reflejen apariencias en ella. Es decir, es como un espejo que puede reflejar cualquier imagen que se le ponga delante.

El cielo también se podría definir como vacío pero, en este caso, *solo* porque carece de contacto obstructor ya que en él pueden aparecer y desaparecer las nubes, trasladarse los aviones y las distintas aves. Pero no puedes afirmar que el cielo carezca de forma porque cuando lo miras de día es de color azul claro y de noche es oscuro, puede aparecer cubierto o lleno de estrellas.

El objeto de negación, cuando hablamos de la mente, es distinto que en el caso del cielo. En el primer caso, se niega que la mente tenga forma física y contacto obstructor; en el segundo, solo se niega que el cielo tenga contacto obstructor. Estas consideraciones son de gran ayuda para formarnos una idea aproximada, al menos, de lo que *no* es la mente.

"Cognición" aquí significa la capacidad de "ser consciente", de percibir objetos. Ambas cualidades (claridad y cognición) se te van haciendo evidentes a medida que te adentras en la práctica de dejar la mente en su estado natural.

La manera de meditar para dejar la mente en su estado natural.

Ahora bien, en la práctica, cuando estás sentado meditando ¿de qué modo te ubicas en el estado natural de la mente? En primer lugar, enfócate en la práctica de *anapanasati* y, una vez las energías sosegadas y la atención afinada, ejercítate en pasar por estas etapas cuidadosamente:

1) Deja de prestar atención a la respiración.
2) Crea voluntariamente un pensamiento, una imagen, como por ejemplo: tu lugar de trabajo, el rostro de tu esposo o hijo, o un paisaje que conozcas.
3) Abre los ojos, deja la mirada perdida delante de ti, sin enfocar.
4) Observa esta imagen o pensamiento que ha aparecido en tu consciencia mental, hasta que se desvanece por sí mismo.
5) El lugar donde se desvanece es *donde has de emplazar tu atención de modo relajado.*
6) Observa ese espacio y espera allí a que surja otro evento mental y repite el proceso durante el resto de la sesión.

Simplemente permaneces enfocado en dicho espacio siendo consciente de él y de su contenido. *Sin apartarte de ese espacio y sin aferrarte a las imágenes que en él aparecen.*

Esta es la instrucción esencial.

Ahora pues, en lugar de emplazar la atención en la respiración como hemos aprendido, te enfocas en la mente misma y en lo que ella ocurre. Y aunque solo puedas lograrlo unos cuantos segundos, es suficiente. ¡Te estás familiarizando con tu mente, quizás por vez primera! Empiezas así a abundar en esta intimidad, y crece tu arraigo en la mente. Si no estás familiarizado con ella, si todavía no la conoces ¿dónde vas a colocar tu atención?

Cuando meditas en la respiración, te enfrentas al desafío de soltar los pensamientos tan pronto los detectas, para regresar a ella. Aquí, en cambio, observas cuidadosamente todo lo que acontece en la mente sin tratar de influir o evaluar, ni tan siquiera pretendes seleccionar lo que sea que ocurre; en lugar de *cortar* los pensamientos, dejas que *sean*, que existan. No prefieres uno en lugar de otro. No escoges entre la ausencia y la presencia de pensamientos: la clave reside en aprender a NO AFERRARTE a ellos.

Además, cuando te emplazas en la respiración estás manteniendo estabilidad y atención sobre un objeto continuo: la sensación que produce la respiración al entrar y salir. Al dejar la mente en su estado natural, en cambio, los pensamientos *no* son fijos, van y vienen, la atención no se enfoca sobre un objeto específico. La consciencia permanece absorta en su propio estado natural, en la consciencia mental, haya o no haya pensamientos.

Uno de los obstáculos habituales cuando se medita en la mente misma, ocurre porque esperamos ver "algo" poder atrapar "algo". Solo que no hay nada que ver ni que atrapar, porque la mente no es tangible, no tiene forma ni color, no la puedes tocar, no obstruye nada, ni ella misma puede ser obstruida, es como un espacio o territorio. No obstante puede dar lugar a apariencias diversas ya que permite que cualquier cosa pueda surgir como su objeto de experiencia.

En esta meditación te ejercitas en observar lo que sea que surja en la consciencia mental hasta que se disuelva en ella misma, sin aferramiento alguno. Como las olas que se desvanecen en el océano porque su naturaleza es agua, los pensamientos se disuelven de modo natural porque son de la naturaleza de la mente misma.

Esté la mente quieta y sin actividad alguna, o en movimiento, y llena de pensamientos, su naturaleza siempre es la misma: esa claridad y cognición. No es algo que trates de visualizar o crear, sino que *siempre ha estado allí.* Como el agua enturbiada por el barro: con o sin barro su naturaleza sigue siendo líquida.

Cuando dejas la mente en su estado natural, te estás enfocando en la consciencia mental, y en consecuencia los sentidos físicos se apagan de manera gradual. Por el poder de la concentración que vamos desarrollando en esta práctica, es posible acercarse al fundamento. Es decir, nos apartamos de la parte más superficial de la mente, el *lugar donde ocurren* nuestras expectativas, pensamientos, conceptos, recuerdos, y nos acercamos al "lugar" *donde nace,* donde surge la mente habitual, donde se desvanece al dormirnos, para dar lugar a la actividad onírica: el fundamento de la mente.

Según los textos tántricos, en el sueño profundo y al morir, de modo natural accedemos a ese fundamento, no obstante, nos pasa desapercibido. Ese fundamento es el almacén de nuestros recuerdos e impresiones kármicas individuales. En la tradición guelupa lo denominan "continuo sutil de la consciencia mental", en la theravada la denominan el "continuo mental vital" o *bhavanga chita.*

Con las instrucciones reseñadas, pues, establece la mente en su estado natural, dejándola libre de expectativas, sin tratar de alterar o modificar su condición presente. Simplemente, te enfocas en ella, atento a sus dominios y lo que ocurra en ellos.

Procura no perder el objeto en el que te estás enfocando: "estar" en ese dominio y lo que sea que ocurra en él. Si lo pierdes continuadamente nunca llegarás a familiarizarte con él. Solo hay tres cosas que debes tener en cuenta:

1) Mantener la familiaridad con los dominios de la mente.
2) Evitar apartarte de ellos.
3) Sostener la atención con la intensidad justa.

Una de las razones por la que es importante mantener los ojos abiertos cuando haces esta meditación la explica el Dr B. A. Wallace:

Permitir que los ojos estén abiertos, con la mirada perdida –sin mirar a nada en particular- mina la creencia tácita de que la mente está dentro de la cabeza. La asunción predominante en los medios de comunicación, así como en mucha de la literatura psicológica y neurocientífica, es que todas nuestras visiones, sonidos, placeres y ansiedades están localizadas en nuestros cerebros, cuando no hay evidencia al respecto.

¿Dónde están los límites del espacio o dominio de la mente?, ¿es vasto e ilimitado o tiene fronteras? Si tus ojos están cerrados, este espacio podría parecer más bien pequeño y localizado dentro de tu cabeza. Este es el motivo por el que los ojos permanecen abiertos en la práctica de dejar la mente en su estado natural. Puedes experimentar abriendo y cerrando los ojos alternativamente y observar cómo sientes ese espacio. ¿Te parece más amplio si tienes los ojos abiertos? Cada persona tiene sus propias sensaciones y todas ellas son válidas.

Una vez te sientes estable sobre la mente, debes vigilar la intensidad con que sostienes la atención en ella. Chandragomin decía:

Cuando aplico esfuerzo, surge la distracción.
Cuando lo abandono, surge el hundimiento.
Cuando es difícil encontrar el equilibrio meditativo
correcto, mi mente se altera, por tanto,
¿Qué debería hacer?

Mientras meditas afina la atención como si fuera la cuerda de un laúd, decía el Buda. Si la cuerda está muy tensa, no suena la música y si está muy floja, tampoco.

Saraha, del siglo octavo, era famoso por sus *dohas* o canciones en las que narraba sus experiencias al discípulo para ayudarle a entender la naturaleza de la mente. En una de ellas habla de un camello.

Si atas un a camello a una estaca, querrá escaparse en las diez direcciones; si lo dejas suelto, se sentará, impasible y manso. La mente es como un camello testarudo.

Ten siempre presente este consejo: Si te enfocas con demasiada tensión, surgirá la excitación y deberás relajar. Si te enfocas débilmente, deberás reforzar la tensión para evitar el hundimiento.

Aprende a relajar la intensidad sin perder la fuerza de la atención. Esto no es fácil y, solo tu propia experiencia, te ayudará a encontrar la justa medida. Cuando aparece el deseo de calmar la mente porque está agitada, simplemente, afloja la firmeza con que sostienes la atención. Procura que la estabilidad surja de un estado mental cómodo, que no sea fruto de la tensión.

La distracción interrumpe la capacidad de estar emplazado sobre el objeto, y el hundimiento difumina la lucidez o frescura de la mente así como la claridad con la que aparece el objeto. Por ello se aconseja hacer sesiones cortas para evitar ambos problemas.

Si la mente no es arrastrada por la corriente de pensamientos e impresiones sensoriales significa que estás en el presente, que no te has rendido ante los recuerdos del pasado o proyecciones hacia el futuro que se han ido sucediendo. *Siempre que prefieras un pensamiento o estado mental a otro, siempre que trates de controlar el contenido de la mente, siempre que te identifiques con algo, habrás caído presa del aferramiento.*

La actitud y la disposición mental son muy importantes a la hora de dejar la mente en su estado natural, y lo ilustra la siguiente cita de Gyelwa Yangongpa:

No consideres estos pensamientos como fallos,
no trates de no tener pensamientos,
deja fluir la mente y tu meditación desembocará en shi né.

En cierto sentido, la clave en esta meditación es "no hacer", es dejar que todo repose, limitándonos a prestar atención al espacio de la mente y a lo que en él ocurre. Aunque lo parece, no es lo mismo que estar sin hacer nada. No tiene que ver en absoluto con estar ocioso. De ahí su simpleza, pero también su dificultad.

La instrucción primordial es: Enfócate sin distracción ni aferramiento.

No satures tu mente con demasiados juicios críticos;
No tengas una visión estrecha de la meditación,
No tengas grandes esperanzas ni expectativas,
Acerca de cómo va a resultar tu práctica.

Estos versos subrayan la importancia de no tener expectativas. Entre sesiones, es correcto recapacitar en el valor de esa práctica para seguir con ella, motivado y diligente; pero *durante* la sesión, es vital aprender a soltar cualquier expectativa de cómo debería ir.

Tanto en la práctica de *anapanasati* como en la de dejar la mente en su estado natural, *deliberadamente* abandonamos el ánimo de controlar o intervenir. Nos puede tentar el deseo de intervenir y ralentizar el proceso respiratorio. Quizá vamos a querer fiscalizar los pensamientos. Entiende que este hábito es una expresión del sentido de solidez que le otorgamos al yo falso, en sus distintas variantes. En estas dos prácticas se considera de vital importancia cortar con él. Es decir, dejamos en el paro a nuestro falso sentido de identidad. Con la práctica de *shi né* ya empezamos a minar la fuerza del yo falso cuya erradicación es uno de los propósitos finales de *vipasana*. El *único* trabajo que le damos es 1) detectar los eventos que ocurren en la mente sin dejarle que se inmiscuya en ellos, simplemente va a dejar que surjan, que se mantengan y que se desvanezcan; 2) relajar más y más el cuerpo con la ayuda de la vigilancia para así ser más capaz de soltar y ver.

Cómo tratar los pensamientos cuando dejas la mente en su estado natural .

En el *Sendero Principal de los Victoriosos,* el manual del mahamudra en la tradición guelupa, el Panchen Lama, Lobsang Chokyi Gyaltsen explica dos métodos para tratar los pensamientos, uno suave y otro más radical.

El método suave para soltar los pensamientos en esta meditación consiste en observarlos y dejar que se liberen a sí mismos manteniendo una actitud no reactiva: *los observas sin aferrarte a su contenido.* Si el pensamiento es persistente lo observas, lo contemplas, lo sigues, hasta que acaba por desaparecer.

Una analogía tradicional es la del cuervo que llevaban los grandes barcos cuando surcaban los océanos en busca de nuevas tierras. En cierto punto del trayecto lo soltaban, pero si el pájaro no divisaba tierra, acababa regresando al barco. Del mismo modo si sigues los pensamientos *sin aferrarte a ellos,* si los observas sin reaccionar se acaban desvaneciendo en el mismo lugar de donde salieron: la consciencia mental.

El relato del duelo entre el arquero y el espadachín que ahora sigue ilustraría el método más radical e indica la importancia de mantener una atención ininterrumpida sobre el objeto. También se puede utilizar cuando meditamos solo en *anapanasati*.

En el *Sutra del Vinaya*, Buda enseña a través de la siguiente analogía. En épocas lejanas solían celebrarse concursos entre adversarios. En una ocasión uno de ellos combatía con arco y flechas, y su contrincante se defendía con una espada en cada mano para cortar las flechas a medida que se las lanzaba. La increíble atención del espadachín hizo que el duelo se eternizara, pues partía en dos todas las flechas antes de que llegaran siquiera a rozarle. La leyenda cuenta que la esposa del arquero ideó un plan para terminar la pugna. Se vistió con un atuendo extremadamente seductor y se colocó en el campo de visión del espadachín, quien tuvo un leve instante de distracción aunque suficiente para resultar herido. El rival derrotado declaró entre lamentos: "No ha sido el arquero quien me ha herido sino mi falta de atención".

Cuando mi Maestro, Gueshe Tamding Gyatso, me explicaba cómo dejar la mente en su estado natural utilizaba la analogía ya explicada del "océano y sus olas". Los pensamientos son como las olas que se forman y desaparecen en el mar de la mente. La mente es como el océano; el movimiento que generan las olas son los pensamientos. El pensamiento surge de la mente pero no tiene una naturaleza diferente de ella. Aunque la superficie de un inmenso mar sea azotada por el viento, el agua permanece serena en lo más profundo. Del mismo modo, si cuando te enfocas en la mente, no te aferras a los pensamientos que aparecen en ella, la estabilidad de tu atención se mantiene inalterable en los dominios de la mente.

Mi Lama utilizaba también otra imagen para explicar la actitud adecuada en esta meditación, "la mente es como el cielo". Y me decía que el tráfico de los aviones no afecta al cielo, ni tampoco las nubes. El cielo no se altera si son inofensivas nubes de algodón, ni tampoco si son inquietantes nubarrones de tormenta. El cielo no prefiere una nube blanca y ligera a una que amenaza lluvia.

Fuentes tradicionales de esta meditación.

La *Liberación en Nuestras Manos*[4] habla de una de las fuentes tradicionales de la práctica de "dejar la mente en su estado natural". Allí dice lo siguiente:

Lama Tsong Khapa señala que algunas personas encuentran más fácil enfocar la mente en un objeto que no tenga forma física, y a ellas les aconseja usar la mente como objeto de meditación. Esta es una práctica muy parecida a la que se usa en otras tradiciones que la denominan "observar el rostro de la mente". Posteriormente, el Panchen Lama, Losang Choky Gyaltsen, Maestro del Quinto Dalai Lama, explicaría cómo llevarlo a cabo en su texto sobre el Mahamudra, *Sendero Principal de los Victoriosos*. Divide esa práctica en dos: 1) Meditar en la naturaleza relativa de la mente, es decir, "dejar la mente en su estado natural" 2) y meditar en su naturaleza última, o vacuidad.

Con respecto al primer tipo de meditación, "dejar la mente en su estado natural", el primer Panchen Lama habla de sus beneficios con estas palabras:

"Yo, Choky Gyaltsen, declaro que esta instrucción es un método maravilloso y hábil para que un novicio (principiante) 1) logre estabilidad mental o shi né, y 2) tenga el medio para introducirse en la naturaleza convencional de la mente".

Con la práctica de dejar la mente en su estado natural se ponen de relieve sus características: "claridad y cognición", es decir, la naturaleza convencional de la mente. Seguidamente podrías ir más allá, y practicar *vipasana* sobre esa claridad y

---

4   Ver nota 36 de la página 243 del tercer volumen de *Liberación en la Palma de las Manos*, según versión de Mahayan Sutra and Tantra Press de New Jersey. U.S.A, traducida por Art Engle y Gueshe Khen Losang Tharchin..

cognición analizando: ¿Qué es?, ¿tiene forma? Si consideras que sí, ¿qué forma tiene?, ¿cuánto pesa?, ¿de qué color es la mente? De ese modo, se alterna *shi ne* y *vipasana* sobre la naturaleza convencional de la mente.

El último paso sería descubrir la naturaleza última de la mente. De nuevo utilizamos *shi né* y *vipasana*; pero ahora para experimentar su ausencia de existencia inherente o vacuidad.

Lo que sigue es un extracto del texto raíz del Panchen Lama[5] donde nos enseña a dejar la mente en su estado natural. Si lo lees cuidadosamente, identificarás todo lo que se ha explicado en este capítulo. Meditar en la mente es beneficioso y útil, seamos budistas, cristianos, ateos:

Absórbete un momento en este estado en el que las apariencias se han desvanecido. Permanece sin pensamientos, expectativas o preocupaciones. Pero no dejes que cese toda atención, como si fueras a desmayarte o a quedarte dormido. Más bien deberías atarla a este poste para que no se distraiga, y usar la vigilancia para ser consciente de cualquier movimiento mental.

Con firmeza, afina tu atención y observa con simplicidad la mente cuya naturaleza es cognición y claridad.

En el caso de que surjan pensamientos, simplemente reconócelos o como en un duelo entre rivales, córtalos inmediatamente, tan pronto como aparezcan.

Una vez hayas terminado con ellos, y tu mente sea estable, sin perder la atención, afloja y relaja su intensidad. Como se ha dicho: "Afloja y relaja su firme intensidad y ahí tienes el estado mental estable". Y en otra parte: "Cuando la mente atrapada en un enredo es relajada, se libera a sí misma, sin ninguna duda".

Igual que se indica en estas afirmaciones, relaja pero sin

____

5   El Texto original del Panchen Lama así como su propio autocomentario, *Sendero Principal de los Victoriosos* será publicado próximamente por Ediciones Amara

deambular. Cuando observas la naturaleza de cualquier pensamiento que aparezca, automáticamente se desvanece por sí mismo dando lugar a una mera ausencia. Del mismo modo, si analizas la naturaleza de la mente cuando es estable, una mera ausencia de obstáculo y claridad aparece vívida. Y la mente estable y la que se mueve se mezclan. Así, no importa los pensamientos que surjan, deberías reconocerlos como un movimiento de la mente y sin bloquearlos, establecer tu mente en su estado natural.

Es como el ejemplo del vuelo de un pájaro confinado en una embarcación. Como se ha dicho, "igual que un cuervo, que habiendo echado a volar desde un barco, tras dar vueltas en todas direcciones debe volver a posarse en él…"

Beneficios de la práctica de dejar la mente en su estado natural.

Enfocas pues la atención en los dominios de la mente y lo que sea que aparezca. *Si no te separas de este espacio, la meditación va bien; si no te aferras o te dejas llevar por lo que surja en ese espacio, la meditación va bien.* En los inicios te puede resultar difícil pues cuando aparece un pensamiento, te arrastra. Todavía no eres lo bastante fuerte para convertirte en mero testigo y soltar lo que sea que surja en tu mente. Pero si lo consigues te darás cuenta de los múltiples beneficios que proporciona:

1) *Empiezas a ser el dueño de la mente en lugar de su esclavo.* En general, cuando aparece un pensamiento te identificas con él y te lleva por donde quiere. Ahora, en cambio, desarrollas el hábito de observar sin sentirte abrumado o invadido, ya no te arrastra esta corriente y tampoco tienes necesidad de reprimirla. Este hábito se traslada a tu vida cotidiana y empiezas a tener la capacidad de soltar pensamientos, conceptos y emociones que te puedan perjudicar.

2) *A medida que te estabilizas en la práctica, la mente se centra y se calma, dando lugar a intensos periodos de quietud.* Una imagen que lo ilustra es un gran lago de alta montaña, donde prevalece el silencio, totalmente calmado y sin olas. Nada puede alterar su profunda quietud. El primer Panchen Lama lo denomina la fusión de la quietud y el movimiento porque cualquier evento que acontezca en la mente no altera su calma.

3) *Desarrollamos una atención muy refinada.* Tanta que uno se podría encontrar con potentes vislumbres de *vipasana* sobre los cuatro fundamentos de la atención ya mencionados –al cuerpo, a las sensaciones, a la mente y a los fenómenos-.

4) *Esta meditación actúa como una dieta depurativa de la actividad conceptual que ocurre en la mente.* Con el tiempo consigues aligerar el tránsito mental y te acercas así a estados únicos de tranquilidad y paz interna. Entrar una y otra vez en los dominios de la mente, reduce de manera muy significativa la actividad que en ella ocurre debido a que desarmas los pensamientos, imágenes y emociones que suceden en ella.

5) *Puesto que observas la mente empiezas a apreciar su funcionamiento.* Ya se ha comentado que la mente es muy importante porque produce la felicidad o el malestar. Pero, a pesar de ello, no la reconocemos pues está dominada por los objetos de los sentidos que la atraen -formas visuales, sonidos, sabores, olores y objetos del tacto-.

6) *Nos ayuda a tener la experiencia de que la mente es un continuo inmaterial.*

7) *Acostumbrarte a observar la mente te permite desarrollar la*

terapéutica práctica de "ser testigo". Tiendes a reprimir o ignorar pensamientos, emociones y recuerdos negativos, creyendo que así los superas cuando solo los has escondido en el fondo de la mente. Es bueno que afloren a la parte más superficial de la psique las emociones que, quizá, has venido guardando durante décadas. Este material oculto en tu interior se puede llegar a manifestar como un trastorno físico o mental transitorios.

8) El propósito principal de esta meditación es conducirte a las zonas más profundas de tu consciencia y desde allí experimentar no solo la naturaleza relativa de la mente sino también su naturaleza última, es decir, su propia vacuidad.

En la vida hay muchas experiencias y situaciones que no nos gustan y las encerramos en nuestro interior, desde allí afectan nuestra personalidad. En esta meditación, permites que salga todo, también aquellos pensamientos o sentimientos que han quedado reprimidos o escondidos durante años, este ejercicio es muy saludable terapéutico *siempre y cuando* no te aferres a lo que sea que salga.

Mientras dura el emplazamiento en la mente suelen pasar dos cosas: te dejas llevar por lo que sea que ocurra y te arrastra esta corriente, o no ves nada y, en este caso, fuerzas para ver. Ambas actitudes impiden que la meditación fluya. Has de procurar evitarlas. Por este motivo es aconsejable hacer muchas sesiones breves hasta conseguir estabilidad en la naturaleza de la mente.

Si no notas demasiada actividad en la mente puede ser síntoma de que aplicas mucha intensidad para sostener la atención. Es decir, el esfuerzo y la tensión que ejerces no te deja espacio para ver lo que ocurre realmente. Es preciso relajar la intensidad con que mantienes la atención. Y, si aún así, tampoco detectas nada, simplemente, sé consciente de este espacio vacío.

Puesto que el objeto en esta meditación es 1) *el espacio de la mente y* 2) *lo que sea que surja en ella*, siempre puedes continuar la práctica, con o sin sucesión de apariencias.

La atención

El elemento central de toda meditación es la atención, *sati* en pali; *smrti* en sánscrito; *drempa* en tibetano. Tanto en el budismo mahayana como en el theravada se suelen clasificar la atención y la vigilancia como dos factores mentales diferentes, aunque estrechamente vinculados. Cuando hay atención quiere decir, necesariamente, que está activo el mecanismo de la vigilancia, tanto si los consideramos factores separados como uno solo. La atención impide que la mente se aparte del objeto de meditación, la vigilancia detecta si la atención se ha ido del objeto.

A continuación presento varias definiciones de la atención, según ambas tradiciones, el mahayana y el theravada. Conocerlas todas es muy útil para identificarla primero y mejorarla después.

El Maestro Vasubhandu del siglo IV, en su *Sumario de los Cinco Agregados* habla de la atención como: "El factor mental que evita distraerse de un objeto con el que se ha familiarizado".

"Objeto con el que se ha familiarizado", significa que no puede haber memoria o atención respecto a un objeto que no te resulte familiar. Ese objeto "familiar" que has experimentado previamente puede ser la respiración, la mente, el amor, la compasión...

"Evita distraerse", se refiere a la facultad que te permite

seguir sosteniendo la atención en ese objeto. Es decir, la capacidad de recordar continuadamente algo que ha sido previamente entendido. En otras palabras, podrías decir que la atención tiene una estrecha relación con la memoria: no olvida un objeto conocido, y su función es impedir dejarlo.

La atención *no olvida* una vez se ha enfocado en el objeto. Su *función* es impedir la distracción. Si te apartas del objeto, has perdido la atención; para evitarlo, tu mente debe fundirse con él. A través de la atención continua se incrementa la permanencia apacible o *shi né*.

Asanga, hermano mayor de Vasubhandu, y seguidor de la escuela mahayana, chitamatra, en su *Compendio del Abhidharma* (Skt: *Abhidharmasamuccaya*) define la atención de un modo muy parecido: "La atención es el factor mental que no olvida un objeto familiar, y su función es la de no distraerse".

Uno de los sentidos de los términos *sati* o *drenpa* es *capacidad de recordar*. La atención es una forma de memoria, aunque no es exactamente lo mismo que acordarte de dónde dejaste las llaves, por ejemplo. Es la capacidad de recordar en el sentido de que *cuanta más atención le prestas a algo, más fácil te resulta recordarlo.*

La atención, pues, es esta capacidad para evocar, retener y sostener el objeto en el que meditamos, sea este la respiración, la naturaleza de la mente, el amor, la compasión, el desapego, la transitoriedad de las cosas, y tantos otros.

Ya hemos mencionado en el primer capitulo la definiciónn que da John Kabat Zin de la atención y que difiere ligeramente de lo expuesto hasta ahora. Aunque es distinta a las descritas por los sabios de antaño, merece la pena ver las diferencias:

"La atención plena o mindfulness es un tipo de conciencia

centrada en el presente, libre de juicio y libre de elaboración, en la que cada pensamiento o sensación que surge se reconoce y acepta tal como es".

Y añade en otros contextos:

"El mejor modo de cultivar la atención plena, a la que podríamos considerar como una consciencia panorámica, instante a instante, que no elabora juicios, no consiste tanto en pensar como en meditar, y encuentra su mejor expresión en la tradición budista, que la considera la esencia de la meditación".

Hemos comentado que la facultad de *sati* o atención es "recordar". Es decir, describimos una atención que no solo está en el presente, sino que también se acuerda de lo dicho y hecho en el pasado. Este matiz no aparece en la definición moderna de mindfulness. Pero es interesante ahondar un poco más en la idea.

Cuando practicamos *anapanasati,* por ejemplo, ¿estámos recordando algo del pasado? Aparentemente no, porque la respiración ocurre en el presente. Pero la realidad es que *sí* estás en el pasado, en cierto sentido, pues estás recordando las instrucciones que te ayudan a mantenerte enfocado. Paradójicamente, *si no recordases esas instrucciones no podrías estar atento al presente.* Por tanto, aun estando en el presente, *estás recordando las instrucciones que has recibido en el pasado.* La atención consiste en estar en el presente, cierto, pero si lo estás es porque tienes la capacidad de recordar aquellas explicaciones escuchadas con anterioridad. Esta realidad incuestionable coincide con las definiciones tradicionales, tanto del mahayana como del theravada.

La primera etapa de *shi né* se alcanza, precisamente, gracias al *poder de escuchar* aquellas instrucciones que nos enseñan cómo conseguir estar atentos al presente.

He aquí unos puntos muy interesantes para reflexionar acerca del papel de la atención extraídos de los escritos del Dr B. Alan Wallace[6]:

En cuanto a esa "atención al presente que no omite juicios", no existe ninguna referencia al respecto en las enseñanzas del Buda recopiladas en el canon pali, ni en los comentarios clásicos del mismo, en consecuencia es confuso presentarlo como una práctica de vipasana. Por útil que resulte como técnica para reducir el estress, esto a lo que llaman Mindfulness, ni es práctica de shi né, ni de vipasana en ninguna tradición budista.

Esta llamada atención al presente que no elabora juicios también se parece bastante a la "presencia abierta" que un número de nuevos divulgadores del Dzogchen enseñan hoy en día. Lo que pretenden popularizar es una práctica que consiste, simplemente, en que tu consciencia esté abierta a todo tipo de apariencias sensoriales y mentales, permitiéndoles que vayan y vengan sin ninguna intervención por tu parte. Pero, la verdadera "presencia abierta" es otra cosa. Tiene que ver con una fase muy avanzada para desarrollar concentración que requiere una profunda comprensión de la naturaleza última de la mente. De otro modo, uno estaría solo descansando sobre la mente dualista como una marmota tomando el sol en una roca; esto tampoco sería práctica de shi né o de vipasana. El gran Lama nygma, Dudjom Lingpa, la ridiculiza citando un aforismo tibetano: "La marmota que en apariencia cultiva la estabilidad meditativa, en realidad, está hibernando"

Aunque ya se ha venido repitiendo a lo largo del libro numerosas veces, dejar la mente en su estado natural es una práctica simple, profunda y terapéutica, pero no es fácil. Debemos ser precisos si no queremos convertirnos en una marmota, y seguir la guía: *sin distracción*, es decir manteniéndonos unipuntualizadamente emplazados en los dominios de la mente. Y *sin aferramiento*, es decir, sin dejarnos llevar por lo que sea que aparezca en ellos, imágenes, pensamientos, recuerdos, penas, sensaciones agradables, desagradables o

---

6   Ver su *Vajra Essence*.

neutras. Simplemente, los reconocemos y los dejamos ir. Con la observancia de ambos requisitos: sin distracción y aferramiento, nunca serás como una marmota sino que, gradualmente, transformarás la inquietud de tu cuerpo y de tu mente en paz, sosiego y comprensión del camino espiritual.

Budagosha, sabio representante de la escuela theravada, en su famoso *Sendero de Purificación*, define la atención de ese modo:

La atención, mindfulness o *sati* tiene la característica de "no ir a la deriva", tiene la función de "no olvidar" y su seña de identidad es "estar cara a cara con el objeto". Su causa próxima son los cuatro fundamentos de la atención: cuerpo, sensación, mente y fenómenos. Se la considera un pilar, pues está firmemente afianzada sobre el objeto, y es como un guardián porque protege las puertas de los sentidos.

Cabe destacar aquí la importancia de esa causa próxima a la que se refiere Budhagosha, se trata de "percibir y discernir", porque cuando los mismos principios de la atención son aplicados al perfeccionamiento de *vipasana*, se enfocan hacia esos cuatro fundamentos que ya hemos venido mencionando repetidamente, dada su vital importancia en el proceso evolutivo del meditador (cuerpo, sensación, mente y fenómenos). Budhagosha nos está diciendo que cuando hayas desarrollado cierto grado de atención, te trasladas de manera natural a *vipasana* para comprender la realidad.

Es importante volver a hacer hincapié en la idea de que *vipasana* es lo que nos libera, lo que nos hace superar de una manera definitiva las aflicciones mentales o *kleshas*, pues nos lleva a la experiencia en primera persona de aquello en lo estemos meditando: la impermanencia, *dukha* o insatisfacción, la vacuidad, el karma... Ahora bien, esta experiencia sin atención que vaya desembocando en *shi.ne,* no es posible. *Shi.né* es como la lámpara que ilumina los objetos de meditación, que se observan y analizan a través de *vipasana*. Sin una luz potente y clara, estos objetos se quedan en la penumbra, y no los registra la consciencia, por lo tanto, no la transforman.

Los grandes meditadores de la tradición budista han alternado siempre ambos aspectos de la meditación, *shiné* y *vipasana*, entendidos como concentración y sabiduría. *Shi. né* te proporciona la sofisticada herramienta con que vislumbrar, sin error y con precisión, aquellos conocimientos transformadores a los que accedes a través de la sabiduría inequívoca que proporciona el análisis o *vipassana*.

Volviendo a la definición de Budhagosha, "el guardián que protege las puertas de los sentidos", alude a la capacidad de la atención para discernir entre el bien y el mal, elemento vital para la observancia de la ética. De nuevo, pues, se manifiesta el factor de la vigilancia como mecanismo indispensable.

En otros textos como el *Attasalini* y el *Visudhimaga* o *Sendero de Purificación,* Budagosha describe la atención como un estado de "no superficialidad".

No superficialidad como sinónimo de "inmersión", pues la atención hace una inmersión profunda en el objeto y no le permite ir a la deriva, como si fuera una calabaza flotando sobre las aguas.

En un Sutra, Buda describe la mente como "fluctuante". La compara a un pedazo de corcho que mecido por las olas va de un sitio a otro, pero nunca llega a hundirse. Si lanzas una piedra, en cambio, esta se sumerge hasta tocar fondo. De modo similar, cuando la atención es correcta, se sumerge directamente en el objeto para ver todas sus características, y lo percibe en un flujo ininterrumpido.

Otra perspectiva de las cualidades de la atención nos la

da el *Dhammasangani:*

¿Cuáles son las características de la atención cuando estás meditando? Cuando estás meditando la atención recuerda; la atención regresa al objeto; es lo opuesto a la superficialidad y al descuido. Es atención como fuerza, es atención como poder y es atención correcta. Todas estas facultades conforman la magnificencia de la atención.

La atención forma parte de lo que se conoce como el Sendero Óctuple que se subdivide en tres puntos clave: ética, concentración y sabiduría. En los textos tradicionales se describe la ética como *recta palabra, recta acción y recta forma de vida.* La concentración surge del *recto esfuerzo, recta atención y recta concentración*; y la sabiduría se genera gracias al *recto entendimiento y recto pensamiento.* Pero en todos los casos, para adquirir cualquiera de las ocho capacidades enumeradas, la atención es el pivote central.

La atención es también una de las cinco fuerzas o poderes que se van desarrollando a lo largo del camino espiritual. Las cuatro fuerzas restantes son: la confianza; el entusiasmo; la concentración, y la sabiduría Todos estos valores se van forjando a medida que nos implicamos en la práctica y el estudio de "Mindfulness y mucho más".

Desarrollo de shi né: Permanencia Apacible. Las dos primeras etapas

Como ya se ha comentado *shi né* es un término tibetano cuyo significado en castellano sería permanencia apacible. *Permanencia* porque uno tiene la capacidad de establecerse a placer en el objeto de meditación. *Apacible* porque, gradualmente, se eliminan todos los obstáculos que impiden el desarrollo de la atención: la distracción, la excitación, el hundimiento. Desarrollar la atención produce una concentración cada vez más estable que desemboca en *shi né*. En palabras comunes sería "concentración unipuntualizada".

Para desarrollar *shi né,* pues, es imprescindible incrementar la atención, y para ello, se requiere un objeto al que estar atento. En este libro hemos presentado varios objetos de meditación posibles: *anapanasati*, dejar la mente en su estado natural y los "cuatro amigos", que aparecerán en el siguiente capítulo. Independientemente del que escojamos, este capítulo te explica todos los secretos de la técnica.

Si usas *anapanasati* como objeto para desarrollar *shi né* recuerda las tres etapas: 1) Relajar y tranquilizar las energías del cuerpo para empezar; 2) enfocarse en la respiración en la zona del abdomen es bueno para mejorar la estabilidad, y 3) llevar la atención a la punta de la nariz mejora la claridad. Las tres opciones son necesarias y complementarias entre sí. Es como ir cambiando de marcha según el tipo de tráfico que te encuentras. Con la primera marcha, prestas atención al cuerpo para aflojar tensiones y relajar la rigidez general; con la segunda, te vas al abdomen para obtener estabilidad y, si esto funciona, pones tercera enfocándote en la nariz. Con la directa llegas a tu destino: completar *shi né*. Alternas según la situación. *Anapanasati*, atención a la respiración, es amarrarse al curso del aire sin soltarlo, instante tras instante, sin distracción, regresando de inmediato cuando ves que te apartas.

Cuando el meditador trata de desarrollar atención sobre cualquier objeto, se encuentra con determinados obstáculos que es muy necesario reconocer para superarlos. Son las dificultades propias de la práctica, muchos meditadores antes que tú se han enfrentado a ellas y, por suerte, nos han dejado instrucciones muy precisas para sortearlas.

La atención tiene dos obstáculos muy señalados que debemos observar bien para poder identificarlos y superarlos mientras meditamos. Son la distracción, por un lado, y el espesor y el hundimiento, por el otro. Estos son los inconvenientes que te pueden hacer sentir atascado en un determinado momento, incluso preocupado porque tus limitaciones no te dejen avanzar. Pero tranquilo, todo ello forma parte del proceso de desarrollo de la atención.

En las dos primeras etapas, el problema que más nos abruma es la distracción. Y, más específicamente, lo que mina la continuidad de la atención es lo que se denomina "excitación", que es un tipo de distracción vinculada con el apego (ocurre cuando la mente se va hacia objetos agradables de los sentidos, recuerdos, etc.). Los síntomas de una mente propensa a esta forma de excitación son la inquietud y la ansiedad.

También existe otro tipo de distracción que podríamos definir como dispersión o agitación mental, porque suele estar vinculada a la envidia, la ira, el enfado, etc (ocurre cuando vienen a la mente recuerdos de episodios de un enfrentamiento, una discusión, problemas en el trabajo, con la pareja…), e incluso por estados mentales positivos. Nos enfrentamos a estos pensamientos a menudo, porque son situaciones frecuentes en nuestra vida que fácilmente nos desestabilizan. A veces, las relaciones humanas conllevan conflicto.

Cualquier distracción tiene dos niveles: burdo y sutil. La excitación burda es el enemigo que te encuentras con más frecuencia en las primeras etapas, la excitación sutil aparece en etapas superiores. Cuando la excitación burda se apodera de la mente, perdemos *completamente* el contacto con el objeto. Es como si la mente fuera "secuestrada" por cualquiera de los pensamientos mencionados, o por un estímulo sensorial.

Te das cuenta de ello cuando estás tratando de practicar *anapanasatti,* por ejemplo: podrías afirmar que es fácil dirigir la atención a las sensaciones táctiles asociadas con la respiración. Pero resulta curioso que, justo cuando decides emplazarla allí, se te escapa a los poco segundos ¡es como si tuvieras brotes de amnesia! Te desconectas del objeto por completo. Nos ocurre a todos, nuestro caso es muy común, pero no deja de ser extraño.

La excitación sutil ocurre cuando una parte de tu mente está sobre el objeto, pero hay otra parte que está entretenida en un pensamiento de deseo. Cuando esto ocurre tampoco hay continuidad en el emplazamiento. Una parte de la mente está sobre el objeto, y la otra está enfrascada en su distracción. La mente, en general, salta como un mono de rama en rama sin poder quedarse quieta en un lugar específico. Estas turbulencias solo se superan con una práctica persistente y hábil, cultivando un sentido de comodidad interna y relajación profunda. De modo gradual, la mente se va calmando y te permite experimentar *breves* periodos de atención sostenida.

Sin embargo, a pesar de las dificultades, la constancia y la experiencia nos irán demostrando día a día que nuestro grado de atención siempre puede ir en aumento si seguimos ejercitándola. Y la buena noticia es que ya en las etapas iníciales, se pone de manifiesto el poder sanador de una mente concentrada y atenta. Vemos desde el principio que podemos acceder a profundos estados de calma, y esta serenidad interior influye positivamente en nuestro cuerpo.

Pero, aunque la salud física es algo muy valioso y necesario, este no es el único propósito de cultivar *shi né*, lo verdaderamente importante de esta técnica es que nos proporciona una herramienta muy eficaz para eliminar aflicciones mentales como el ansia, la inquietud, la depresión, la ira, la envidia y tantos otros elementos tóxicos que nos acaban envenenando.

Nuestra mente está permanentemente fragmentada, experimentamos así todas las parcelas de la vida: comemos sin apreciar realmente los sabores y olores de lo que ingerimos, porque estamos pensando en otra cosa. Hablamos sin ser plenamente conscientes de las motivaciones que hay detrás de nuestras palabras.

El Buda señaló "en lo que ves, solo lo que ves; en lo que escuchas, solo lo que escuchas; en lo que sientes solo lo que sientes; en lo que percibes mentalmente, solo lo mentalmente percibido". Al meditar, si escuchas un sonido, por ejemplo, trata de reconocer que es simplemente una vibración que llega a tu poder sensorial auditivo. Nada más, no es necesario añadir "por qué hacen ruido ahora, me están molestando" "pasa un coche, no, es una moto…" "está lloviendo… qué desagrado". En lo que escuchas, solo lo que escuchas…

En el curso de interacción que se produce entre el mundo externo y el interno, la atención salta velozmente de un campo sensorial a otro, como un mono loco. Por supuesto, la consciencia mental tiene que "dar sentido y coherencia" a esta actividad estableciendo conceptos en base a nuestras experiencias para que el mundo aparezca estructurado y nos resulte familiar. Este proceso es normal y necesario; sin él sería muy difícil dar consistencia a lo que nos ocurre. Pero los problemas surgen cuando no nos damos cuenta de hasta qué punto conceptualmente AÑADIMOS o QUITAMOS a la realidad de los objetos. Por ejemplo, ya sabemos que las cosas son transitorias, que cambian, pero las palabras y los conceptos que utilizamos para describirlos nos hacen caer en la ilusión de que son duraderas, permanentes. Es como si los conceptos que elaboramos sobre las cosas formasen una pantalla que nos impide ver su verdadera realidad: son transitorias. El término "agua" es estático, pero la naturaleza real y esencial del "agua" es transitoria.

En el retiro de "Mindfulness y mucho más" además de meditar en la respiración y en la naturaleza de la mente, trabajamos con los antídotos a estos aspectos negativos que nos perturban, intentamos cultivar el amor bondadoso, la compasión, la alegría y la ecuanimidad. Estas prácticas abren nuestro corazón y nos conectan con los demás, algo muy necesario teniendo en cuenta que el trabajo de *shi né* es individual y autocentrado.

Las explicaciones relativas al desarrollo completo de *shi né* nos llegan de boca de grandes Maestros budistas como Asanga (300-370), Kamalashila (740-795) o Lama Tsongkhapa (1357-1419). Tradicionalmente, se enumeran nueve etapas en el proceso de perfeccionamiento de la atención y la concentración. Atravesarlas todas no es tarea fácil, pero experimentar las dos primeras es algo perfectamente accesible para cualquier persona que ponga un poco de voluntad. Durante el retiro de cinco días de "Mindfulness y mucho más" ya empezamos a saborear el poder transformador de la meditación. Esto es algo al alcance de cualquiera, y perfectamente compaginable con una actividad social y laboral. Solo hay que dedicarle algo de tiempo y energía diario a la práctica.

Cuando el meditador llega a la etapa novena, su mente

está completamente libre de las fluctuaciones de la atención y se dice que podría permanecer más de cuatro horas emplazado en el objeto elegido sin necesidad de esfuerzo. Los textos tradicionales indican que en tres, seis o nueve meses sería posible alcanzar esta novena etapa pero, salvo casos muy excepcionales, esto solo ocurriría si nos retiráramos del mundo un tiempo para dedicarnos a ello en cuerpo y alma. No todos contemplamos esta opción. Mi intención aquí es explicar de manera simple pero completa las dos primeras etapas, para proporcionar una guía segura y accesible al practicante "urbano" "de a pie" con la que pueda contrastar sus propias experiencias.

Primera etapa: Emplazar la mente.

Recuerda que shi né surge de *observar continuadamente un objeto que no es familiar, sin distracción ni olvido.* La primera etapa tiene lugar cuando el meditador es capaz de estar *un segundo* sobre la respiración (u otro objeto). Se alcanza gracias al *poder de escuchar.* Preferiblemente, escuchando a un Maestro de carne y hueso.

En esta etapa es habitual darse cuenta del tráfico mental, del caos que tiene lugar en la mente. En este punto, te alejas constantemente del objeto. A veces sientes que tu mente está relajada, que has tenido un día tranquilo y te sientes en calma, pero cuando tratas de enfocarte al meditar te das cuenta de que no es así. De repente tomas conciencia de esa corriente de pensamientos atropellados, sin orden ni concierto, que no deja de fluir. Cuando empiezas a sentarte a meditar regularmente, ves el estado *desequilibrado* de tu atención: pero tómatelo con calma porque la atención se cura a si misma en el proceso de centrarla y desarrollarla.

Los textos antiguos comparan la mente con un elefante porque puede ser muy peligroso cuando no está amaestrado. En efecto, la mente suelta una corriente tóxica de pensamientos de toda índole a los que uno se cuelga sin ningún control. En un estado mental ordinario somos propensos a la inquietud y al nerviosismo, conocemos bien el estrés mental.

Esta especie de hiperactividad innata, sería comparable a la excitación y la agitación, causantes de la distracción que describen los textos. El déficit de fuerza o baja intensidad de nuestra atención sería comparable al hundimiento o espesor.

Cuando perdemos el hilo de la atención en la respiración, por ejemplo, la tendencia es volver a concentrarnos aplicando una fuerte tensión y exigencia; pero esto no es necesario, al contrario, es perjudicial porque al forzar puedes quemar tu energía. Si lo haces esporádicamente, quizá notes que te concentras un poco más, pero si deseas seguir el sendero de *shi né,* necesitas otro modo de proceder. Esforzarte más allá de tu capacidad es contraproducente. Vas a distraerte, sin duda alguna, y cuando esto ocurra en lugar de tensar y volver a la respiración utilizando la fuerza, simplemente suelta, afloja y de manera suave vuelve a coger el hilo.

El cultivo de *shi né* va de despertar una mente equilibrada, lejos de esos dos enemigos a los que estamos conociendo. Eso incluye equilibrar el esfuerzo que aplicas a la práctica con una buena dosis de relajación física y mental, como se ha venido repitiendo.

Practicando de este modo despertamos dos cualidades que se mencionan en los textos clásicos: la estabilidad y la claridad. Ambas son condiciones mentales, pero teniendo en cuenta el tipo de vida que llevamos hoy en día, se debería añadir una tercera: relajar el cuerpo. La práctica del Yoga Tibetano es muy recomendable, sobre todo si entendemos que el cuerpo es el instrumento de nuestro progreso y debe estar en buena forma, por dentro y por fuera. Conocer la conexión entre nuestros pranas o aires energéticos y los pensamientos es fundamental.

Así pues, a lo largo de la sesión procura mantener el cuerpo lo más quieto y distendido posible, revisa y afloja las tensiones desde la coronilla hasta las plantas de los pies. El énfasis está en suavizar cuerpo y mente a lo largo de tu sesión, porque si los contraes para mantener la atención, solo acentuarás las resistencias. Relajar el cuerpo afloja nudos de tensión no solo en el plano físico, sino también en el energético: la mente se llena de bienestar y se repone de todos sus males.

En cuanto a la respiración, *anapanasati*, déjala fluir, no pienses siquiera que una respiración lenta es mejor que una rápida o viceversa, deja que el aliento vaya según su propia naturaleza, no alteres el ritmo. Usa la exhalación para soltar tensiones, y relaja todo tu cuerpo para que la atención regrese. Y cuando notes distracciones, no te irrites, alégrate por haberlas detectado. Contrarresta la distracción mental aflojando y relajando aún más el cuerpo y no contrayendo la mente, pues solo acabas provocando más tensión física.

Según el budismo, muchos desequilibrios mentales están estrechamente relacionados con el estado del cuerpo, especialmente con la respiración. La prueba de ello es que si estamos calmados respiramos con sosiego y si estamos agitados, se acelera el ritmo.

No es exagerado afirmar que el momento del día en que nuestra respiración es más saludable es cuando nos encontramos en una fase muy particular del sueño, llamada sueño profundo, justo la que precede a la actividad onírica. Cuando empezamos a soñar, la respiración a menudo se altera, si estamos teniendo una pesadilla en la que alguien nos persigue, se agita nuestra respiración aunque estemos profundamente dormidos. ¿Por qué nos sentimos renovados al despertar? ¿Por qué decimos que el sueño es "reparador" Porque hemos pasado por esta fase de sueño profundo, como por un taller mecánico donde nos han cambiado el agua y el aceite de la mente y los pranas.

Otra de las grandes ventajas de desarrollar concentración es que no es necesario esperar al sueño reparador para regenerarte por completo; llegas a ese mismo lugar enfocándote en la respiración, sin tratar de controlarla, simplemente dejando que aligere cuerpo y mente. Recuerda todas las ventajas de *anapanassati* que hemos ido describiendo a lo largo del libro.

Segunda etapa: Emplazamiento continuado

En la segunda etapa empiezas a experimentar periodos ocasionales de estabilidad, pero la mayor parte del tiempo tu mente se queda atrapada en pensamientos y distracciones sensoriales. En esta etapa la atención se llama "continuada" pero no significa que puedas mantener una atención sostenida por un espacio de tiempo indefinido a voluntad, sino que *solo esporádicamente,* estás enfocado sin interrupción sobre la respiración, el objeto. Es decir, todavía no te has librado de la excitación burda, que te hará perder por completo el objeto. Pero habrás llegado a la segunda etapa cuando puedas mantener el objeto durante *un minuto* sin interrupción.

Accedes a la segunda etapa gracias al *poder del pensamiento*. Tratas de enganchar la mente a la respiración aunque sea ayudándote con el diálogo interno. Lo que ocurre mientras meditas es que vas diciéndote "ahora estoy sobre el objeto, ahora lo pierdo, ahora tengo que aflojar, ahora debo reforzar", esta conversación contigo mismo se considera útil en las dos primeras etapas porque te impide moverte hacia otro tipo de pensamientos que desencadenarían la distracción.

Otro modo de usar el poder del pensamiento para centrar la atención es contar las respiraciones. A causa del hábito y la familiaridad, se precipita por nuestra mente una cascada incesante de pensamientos; un modo de cortar con ellos es ir contando las respiraciones. Podemos contarlas al principio de la sesión, durante toda la sesión, en mitad de la misma o al final. Contar te *recuerda* que debes atender a la respiración, que es tu objeto de concentración.

Hemos mencionado que, para desarrollar una concentración perfecta, necesitamos tener 1) cuerpo relajado, 2) estabilidad, 3) claridad. Pero hay además otro elemento: 4) gozo. A lo largo del retiro de cinco días, en mayor o menor medida todos ellos aparecen.

En el tercer capítulo ya hemos hablado extensamente de la importancia de la *relajación* física y mental. Aprender a aliviar tensiones prepara el terreno para que la práctica sea plácida y dé resultados. En las primeras etapas es muy importante relajar porque así es más estable la atención. Pero esa relajación debe equilibrarse con la vigilancia, ya que en caso contrario podría dar lugar al hundimiento, es decir estar adormecido, soñar despierto. El propósito de *shi né* no es dejar de tener pensamientos, sino relajar a fondo el cuerpo y la mente para poder cultivar la estabilidad y la claridad. Sé consciente de lo que sea que te distrae y, en lugar de quedarte atrapado en respuestas emocionales y conceptuales, recupera de inmediato la atención sobre el objeto.

Seguramente te sorprenderá la cantidad de malestar que puede llegar a producir el cuerpo, aunque tu cojín sea de lo más cómodo, incluso anatómico, y tus sesiones cortas. Es normal, seguirá ocurriendo, es un síntoma de la extensión en la cual tu sistema psicosomático está desentonado. Toma cualquiera de estos síntomas, en el cuerpo o en la mente y relájalos.

¿Qué entendemos por *estabilidad*? Significa enfocar la atención sin que se fragmente por causa de la excitación y la dispersión.

Lama Tsong Khapa, habla en estos términos de la *claridad*. Dice que debe poseer dos atributos:

1) *Lucidez*: el sujeto, la mente que percibe, está fresca y despejada,
2) *Claridad*: el objeto, percibido por la mente aparece

claramente. Puede ser la respiración, la naturaleza de la mente, el amor o cualquier otro…

Lama Tsong Khapa aconseja que, al principio, se enfatice más el aspecto de la lucidez de la mente que sostiene el objeto, y no tanto la claridad con la que debe aparecer dicho objeto. Por supuesto, todo ello combinado con dosis de estabilidad. La suma de la estabilidad, la lucidez y la claridad dan paso, de modo natural, al cuarto elemento cierto grado de deleite: gozo.

Mi Mestro, Gueshe Tamding solía explicar esta técnica: al inspirar imagina que se refuerza la atención, lo cual contrarresta el hundimiento, y al exhalar relaja para contrarrestar la excitación.

Como hemos dicho, la excitación mental impide la estabilidad y el hundimiento es el enemigo de la claridad. Según el *Lam Rim Medio,* de Lama Tsong Khapa, el hundimiento es "como si la oscuridad se hubiera apoderado de la mente". Una nube invade la mente, la oscurece, de modo que le falta lucidez.

Revisando: la claridad tiene dos aspectos, claridad en el modo en que el objeto aparece; y lucidez en la mente que lo percibe, que está fresca y clara. La oscuridad y las nubes atacan a ambos, pero especialmente a la lucidez.

Como en el caso de la excitación, el hundimiento puede ser de dos clases: 1) hundimiento burdo, que ocurre cuando la mente permanece estable sobre el objeto observado, pero sin claridad o lucidez; 2) hundimiento sutil, que ocurre cuando hay claridad, estabilidad y lucidez, pero el factor de la lucidez carece de la intensidad suficiente. No tiene que ver con la claridad con la que reconoces el objeto, sino con el aspecto de la lucidez en la mente que lo sostiene, le falta viveza y energía.

El consejo que da Lama Tsongkhapa es *sostener el objeto de un modo firme* (aunque relajado) en la justa medida, porque si sostienes el objeto débilmente, habrás caído en el hundimiento sutil. Lama Tsong Khapa advertía del peligro de confundir la concentración correcta con el hundimiento mental sutil.

Pabongka Rimpoché en su comentario al *Lam Rim Medio* de Lama Tsong Khapa dice:

Se aconseja que el modo de sostener el objeto sea firme y ajustado; pero ni demasiado, ni demasiado poco. Si ajustas demasiado das paso a la distracción y la excitación… y si el ajuste es demasiado laxo, te instalas en el hundimiento sutil.

En resumen, utiliza un modo de sujetar el objeto que sea lo más firme posible y sin distracción. La ausencia de distracción corta con la excitación mental; la firmeza con que sostienes el objeto corta con el hundimiento. Este es el secreto esencial, el tesoro en el corazón de los grandes meditadores.

Si aplicas la firmeza en el modo de sostener el objeto y ves que estás generando excitación, afloja dicha firmeza. Si al aflojar la firmeza aparece el hundimiento, ajusta la intensidad. Esta es una forma extremadamente hábil de practicar.

Tanto en el *Lam Rim Chenmo* como en el *Lam Rim Medio*, Lama Tsong Khapa señala:

Al principio, si tus sesiones son largas serás presa fácil del hundimiento y la excitación. Si lo haces así, te costará equilibrar la mente. Deberías hacer muchas sesiones cortas. Si detienes tu meditación mientras aún quieres seguir meditando, más tarde tendrás el deseo sincero de empezar otra sesión. Si no lo haces así, llegarás a sentir nauseas cuando veas tu cojín.

Lama Tsong Khapa da un ejemplo muy gráfico: sostener una taza de té. Explica que es preciso sostenerla por el asa con la justa intensidad para que no se derrame su contenido, y que esto, aplicado a la meditación, es el modo de evitar caer en el hundimiento. Cuando sujetas una taza de té, utilizas la fuerza de la atención para aguantarla, y la vigilancia para asegurarte de que no se te vuelca y se derrama el té. Del mismo modo, usamos la atención para sujetar el objeto de meditación y la vigilancia para asegurarnos de que no hemos sucumbido al hundimiento.

La atención tiene un magnífico asistente denominado vigilancia en la tradición mahayana, y "comprensión clara" en la theravada. Budagosha en el capítulo IV, sección 172 del *Sendero de la Purificación* señala que la característica esencial de este inestimable asistente es la *no confusión*; su función es *investigar, juzgar*; se manifiesta como *escrutinio*.

Es un factor encargado de monitorizar el estado de tu atención: ¿Fuerzas lo suficiente? ¿Estás demasiado distraído? ¿Tienes el cuerpo tenso?. Es imprescindible y da paso a la capacidad analítica que después resulta vital en la práctica de vipasana.

La atención y la vigilancia van de la mano, el *Bodhisatvacaryavatara* señala que:

La característica que define la vigilancia, de manera resumida, es esta: examinar una y otra vez las acciones de cuerpo, palabra y mente.

Los textos mahayana presentan la vigilancia como una especie de sabiduría que discierne entre lo positivo y lo negativo. La vigilancia te advierte de cuándo los actos del cuerpo, palabra y mente, son perjudiciales o, en cambio, son correctos. Durante la meditación, la vigilancia actúa como un espía que monitoriza el estado de la atención, de ahí su estrecho vínculo. Examina si la mente ha caído presa de la distracción, u otros obstáculos, y avisa a la atención para que recupere el hilo y se pegue al objeto.

En un gráfico tradicional muy simbólico se representa la vigilancia como un gancho, y la atención como una cuerda. Con el gancho de la vigilancia y la cuerda de la atención domamos al elefante salvaje, que es la mente. La atención ata la mente a la estaca del objeto, y si se aparta de él, la vigilancia con su gancho nos avisa para que volvamos a sujetarlo. A más atención más vigilancia.

No es inteligente valorar la meditación por lo bien o mal que te hace sentir mientras estás meditando. La meditación no funciona como un sedante que te alivia en pocos minutos, sino que es un sendero que conduce paulatinamente a estados de mayor equilibrio y confianza. Se requiere paciencia y perseverancia para apreciar los beneficios de la práctica.

Puesto que "Midnfulness y mucho más" enfatiza especialmente el desarrollo de *shi né* o concentración más que el aspecto de vipassana, las sesiones siempre son cortas porque es un medio hábil de mejorar la estabilidad, la claridad y la lucidez.

Un yogui o yoguini no es solamente aquella persona que practica la disciplina física del yoga, sino también quién practica un yoga mental o meditativo. El pleno sentido del vocablo "yoga" significa: unir el cuerpo la palabra y la mente con la divinidad, bien sea a través de la asana, o la sadhana. En tibetano, yoga es *neljor,* cuyo significado es "unir la mente con la realidad verdadera". Yogui en tibetano es *neljorpa* que también significa *aquel cuya mente está en paz.*

Los Cuatro Amigos

En nuestro interior conviven fuerzas amigas y fuerzas enemigas con las que debemos lidiar a diario, es lógico que intentemos potenciar las primeras y deshacernos de las segundas para vivir en armonía. Las fuerzas enemigas habitan muy arraigadas en nuestra psique porque estamos muy familiarizados con ellas: son nuestras aflicciones mentales, o *kleshas* en sánscrito: todos aquellos estados mentales que nos producen malestar.

Las fuerzas amigas son todas aquellas virtudes que nos ennoblecen como individuos, que nos elevan por encima de nuestras propias limitaciones y nos capacitan para relacionarnos desde el corazón con todos los seres. Sentimientos como el amor, la compasión, la ecuanimidad, la generosidad, la paciencia, la paz interior, el gozo, la concentración; estados más elevados como el Nirvana o la Iluminación, forman parte de esta lista de amistades que nos conviene cultivar. Pero si somos honestos, habremos de reconocer que muchas de ellas aún nos quedan un poco lejos.

Primer amigo: *El amor bondadoso*

Si es auténtico, el amor bondadoso es un sentimiento de estima por todas las criaturas vivas que sale espontáneamente del corazón. Es una actitud que impregna todos los aspectos de nuestra vida.

En efecto, la palabra "amor" no significa nada si no la sentimos. Llenarnos la boca con esas cuatro letras no es ninguna garantía, amar de verdad no es fácil. Podemos describir el mar, pero solo cuando metemos los pies en el agua por primera vez lo descubrimos realmente. Podemos describir el amor, pero solo cuando lo sentimos palpitar de verdad en nuestro corazón, saboreamos la experiencia de estimar sin esperar nada a cambio.

El amor se define como "el puro deseo de que todos los seres sean felices". El término original en lengua sánscrita es "maitri". El nombre del próximo Buda, "Maitreya" procede de esta misma raíz, así como "mater", en latín, de la que deriva "madre". Además, existe una correlación etimológica con la palabra "amistad".

Pero qué significa el amor realmente: es una cualidad de la mente que se expresa como el anhelo de que la persona en la que se enfoca sea feliz.

El Sendero de Purificación, al que hemos aludido en diferentes ocasiones a lo largo de estas páginas, describe el amor bondadoso con estas palabras:

La *característica* del amor bondadoso es fomentar el bienestar. Su *función* es preferir ese bienestar. Se *manifiesta* como la supresión de la irritación. Su *causa próxima* es ver lo agradable en las personas. *Triunfa* cuando hace disminuir la fuerza de la aversión, y *fracasa* cuando produce apego.

Precisamente, el *enemigo cercano* del amor es el apego o deseo negativo. ¿Hacía quien va dirigido nuestro amor? ¿Solo hacia quién nos ama y nos ofrece seguridad, o hacia todo el mundo? El apego se disfraza de amor y nos confunde porque ambos son muy parecidos pero, de hecho, el apego es una distorsión del amor que se enfoca en determinada persona y piensa: "Deseo estar contigo porque *me haces feliz…*" y no tanto "Deseo estar contigo porque *quiero hacerte feliz*". El objeto del amor bondadoso deben ser todos los demás porque, como nosotros, solo desean ser felices y apartarse del dolor. Identificar una actitud y otra para ver la diferencia entre ambas, ya sería un gran logro.

El amor bondadoso no se cansa de la pareja. Lo que te empuja a dejar a tu marido o a tu mujer es el apego, que quizá se ha enfocado en un objeto que te complace más: una pareja más joven, más dinámica, más interesante. O tal vez ansías un cambio de lugar, otro país, otra situación… puede ser cualquier cosa que creas que te va a satisfacer en ese momento. Crees que vas a ser feliz al conseguir tu nuevo objeto, pero no es del todo seguro. Lo que sí puede ocurrir es que aparques durante un tiempo la insatisfacción, hasta que necesites otro cambio.

Dice el refrán "del amor al odio no hay más que un paso", aunque debería decir "del apego al odio no hay más que un paso". El amor que puede acabar transformándose en odio no es verdadero amor, sino una manifestación de nuestras ansias de seguridad, de nuestra necesidad de ser estimados, o cualquier otra forma de egoísmo encubierto.

El amor que se dirige exclusivamente a un grupo que elegimos no es ese amor en mayúsculas al que nos referimos. El apego hace que el amor se convierta en una transacción, das por lo que recibes, y cuando dejas de recibir, dejas de dar. *Cuando das sin esperar nada a cambio, ni tan siquiera las gracias, estás amando realmente.* El amor mezclado con apego que sentimos por la pareja o por la familia debería ser nuestro campo de trabajo para identificar el apego, para darnos cuenta de cuándo empieza a intoxicar el amor y en qué medida lo hace.

El apego te hace buscar a la gente que te halaga, que te satisface, anhelas su compañía, deseas estar cerca de esas personas y despiertas un cierto sentimiento de posesión hacia ellas. Les estás diciendo "no me dejes porque tus halagos me hacen sentir tan bien, verte me produce tan buenas sensaciones". Pero, supón que una persona por la que sientes eso empieza a mirarte mal por algún motivo, y se distancia de ti. Estabas convencido de que era fantástica, pero ahora ya no estás tan seguro, y la decepción que te ha provocado su comportamiento viene de tu apego, nunca del amor bondadoso. El propósito de adiestrarnos en la práctica del amor bondadoso es eliminar el componente del apego -como haría un hábil cirujano extirpando solo lo malo en un órgano vital pero incrementar la pura estima hacia todo ser vivo, a modo de estimulante regenerador de nuestras células.

El amor bondadoso debe cultivarse, hay que trabajarlo. Solo seres muy especiales emanan sin esfuerzo ese amor absolutamente limpio y desinteresado por todas las criaturas vivas sin excepción. Cuando este sentimiento fluya naturalmente de tu corazón sabrás lo que es, nadie tendrá que explicártelo: es un amor que, simplemente, no hace distinción. El Buda daba un ejemplo muy gráfico para ilustrarlo, decía que ese *sentimiento de amor que abraza a todos seres por igual es comparable al que siente una madre por su hijo.*

La práctica, el desafío, consiste en tratar de acortar distancias entre lo que sentimos *solo* hacia a nuestros hijos para hacerlo extensivo a otras personas. Si alguien de tu círculo cercano te pide ayuda, es relativamente fácil sentir el deseo sincero de dársela. El reto es hacer lo propio con aquellas personas que están más lejos de tus sentimientos. El amor verdadero no tiene en cuenta si alguien es merecedor de tu amor o no. *Si lo sientes,* se abre hacia todos sin distinción.

Quizá te preguntes ¿Por qué aspirar a este amor tan excepcional? ¿Es realmente necesario? Definitivamente, es bueno para ti en primera persona, y es bueno para el conjunto de la sociedad. Solo que un amor tan extraordinario no es algo innato en las personas, depende de la práctica. Tenemos una marcada tendencia, por otro lado instintiva, a anteponer nuestros intereses a los de los demás. Si bien es cierto que en lo más profundo de cada uno subyace la semilla para despertar amor y compasión por todas las criaturas, no es espontáneo. Abundantes malas hierbas y matojos impiden que esa semilla brote. Cuando estamos preocupados, tensos o ansiosos ese amor no puede fluir. Podríamos decir que uno de los motivos *superficiales* es el malestar interior que producen los estados alterados, pero analizando cada uno de ellos en *profundidad*, descubrimos que el verdadero problema es que giran alrededor de un *yo* cuyo protagonismo nos resta espacio para ver las necesidades de los demás.

El *enemigo lejano* del amor es la *aversión* y sus innumerables derivados. Es difícil sentir amor si la mente está llena de resentimiento, enfado, ira o envidia. Los sutras señalan que cuando sucumbes a la aversión:

1) Te perjudicas a ti mismo.
2) No ves al adversario como un ser humano con tus mismas necesidades y anhelos.
3) Solo ves sus rasgos desagradables y los exageras.
4) Generas resentimiento porque congelas lo que te hizo o dijo, y proyectas sobre él una imagen que viene de tu propia exageración.
5) Afecta la salud de tu corazón.
6) Altera tu sueño.
7) Perjudica tu digestión.
8) Tu paz mental se desvanece.

Los efectos psíquicos y fisiológicos de la aversión, sean reprimidos o expresados, siempre producen malestar. Podrás o no perjudicar a tu enemigo, pero tan pronto como el odio se instala en tu corazón, ya te está perjudicando a ti. En un sentido, te pones al servicio de esa persona cuyo objetivo es dañarte, porque tú mismo aceleras el proceso. Quien desea madurar espiritualmente debe adiestrarse en la práctica de la paciencia, y para practicar paciencia, las personas y las situaciones adversas son imprescindibles. Los enemigos nos acercan a nuestro estado más elevado: la Iluminación.

Es muy importante destacar que ser paciente no significa quedar de brazos cruzados ante la injusticia: podemos y debemos decir **no** cuando es necesario, no confundir la paciencia con la debilidad o la cobardía. Quien practica paciencia, en realidad, es muy valiente porque acepta las situaciones de dolor, a menudo inevitables, sin caer presa de la aversión y todos sus derivados.

El consejo es: *actúa con vehemencia, si es necesario, pero apártate de la ira*. A lo largo de la historia, muchas revoluciones sociales han acabado fallando porque detrás de ellas subyacía un odio que motivaba el resentimiento, o el deseo de venganza.

La paciencia es una cualidad de la mente caracterizada por el valor de evitar caer presa de la aversión. Es como una muralla que nos resguarda de ser atacados por cualquier obstáculo; podríamos decir que es el fundamento del amor. ¿Cómo vamos a poder amar si en nuestra alma reinan la desconfianza, el resentimiento o la envidia? No hace falta que sigas ningún dogma religioso, simplemente observa tu corazón y pregúntate si puedes sentir algún tipo de amor bondadoso cuando te ves afectado por la aversión.

Budagosha te propone una técnica radical cuando todos los demás métodos fallan; has aplicado todos los antídotos que conoces, pero sigues lleno de ira: *trata de hacerle un regalo a tu enemigo*.

Budagosha escribió el *Sendero de Purificación* en el siglo quinto, pero es obvio que nuestro mundo, dieciséis siglos después, sigue necesitando este tipo de consejos. El hábil Budagosha aconseja empezar la práctica del amor bondadoso poniéndonos a nosotros mismos como objeto. Ejerciendo la paciencia con nuestros propios defectos y recreándonos con nuestras propias virtudes.

Una de las plagas que asola la sociedad moderna es la falta de autoestima, incluso el menosprecio personal. El Buda dice en uno de sus Sutras:

> Quién se ama a sí mismo nunca dañará a otro ser.
> Quien no se ama a si mismo tendrá difícil amar a los demás.

Amarse a uno mismo significa conectar con el enorme potencial que tenemos para eliminar nuestras debilidades internas. Si reconoces tus debilidades reconocerás las de los demás, podrás ponerte en su lugar cuando actúan erróneamente y tendrás margen para amar.

El Dalai Lama señala (dentro del contexto de nuestra tendencia innata hacia el egoísmo) que amar a los demás es el mejor modo de ser un egoísta-inteligente, porque te libera de la ira. "Hazlo por tu bien… Si tienes que ser egoísta, ¡qué sea a lo grande!"

Esta es la técnica, meditamos unos minutos en la respiración, y después dedicamos un tiempo a repasar las ventajas del amor bondadoso, generando sentimientos de aprecio y estima hacia nuestro propio ser. Pensando que la aversión y la falta de autoestima se manifiestan, a veces, como un cierto menosprecio por nuestras capacidades, esta actitud es un obstáculo que nos hace vernos limitados. ¿Cómo vas a poder amar a todos los seres si eres incapaz de amarte a ti mismo? Por lo tanto, una buena práctica sería empezar a generar verdadero amor hacia uno mismo. Es un poco absurdo pensar "bueno, yo no valgo nada, no me gusto demasiado, pero amo a todos los demás." Convéncete de que tu potencial es ilimitado, esta actitud no está reñida con el deseo de superación.

Practicamos Dharma porque queremos apartarnos del dolor y ser más felices. Este anhelo por encontrar la felicidad forma parte del potencial infinito que tenemos para salir del samsara. Este deseo es *una semilla que quiere ver la luz.* Aunque estemos absortos en el mundo de los negocios, de las finanzas, del trabajo físico… nuestra mente está dotada de este potencial para ir más allá del sufrimiento y ser una fuente de amor bondadoso. Esta semilla, capacidad, potencial o como quiera que le llamemos ya está contigo, nadie te la da ni nadie te la quita porque forma parte de tu ser, yace en lo más profundo de tu mente, deseando poder expresarse y brotar con fuerza. Ya está allí, solo tienes que reconocerla.

En un sentido, no se trata tanto de cultivar esta maravillosa cualidad del amor, cómo de despojarla de los velos de las aflicciones mentales que la cubren. Es cuestión de dejar que brille y salga al exterior, en lugar de mantenerla relegada en un rincón de la mente.

"Ojala todos los seres sean felices"… Pero, ¿puedes llegar a desearlo de verdad o son solo palabras. En realidad, lo que buscamos cada uno de nosotros es vivir lo más apartados posible de los tóxicos mentales, porque así nos sentimos más dichosos. Si deseamos lo mismo para los demás estamos enfocando la mente en esta dirección y creando el karma para hacerlo posible.

Enfócate en alguien que amas, un amigo, un hijo, tu esposa, tu madre y deséale de todo corazón que esté bien y que sea feliz, que vea realizado todos sus deseos. El amor y los buenos sentimientos hacia nuestros seres queridos pueden ser el punto de partida para despertarlos hacia *todos* los seres. *El amor bondadoso fluye hacia todas las direcciones junto al deseo de que todos disfruten de la abundancia.*

A partir de ahí, añade a una persona de la calle, una persona neutra. Puede ser la dependienta que te atiende en el súper, tu médico o terapeuta. Deséale que sea feliz, intenta que tus espontáneos sentimientos de amor hacia los seres queridos se haga extensivo hacia las personas neutras.

En una etapa posterior puedes también trabajar específicamente con aquellas personas que te caen muy mal, que seguro las hay. Aunque esto requiere un poco más de trabajo.

La medida para calibrar cuánto amor hay en nuestro corazón la tendremos al relacionarnos con quién nos desagrada. Todos los que nos rodean son nuestro maestro del amor pues sin importar lo que piensen, lo que hagan o digan de nosotros, nunca perdemos de vista que son merecedores de nuestro afecto. El amor disminuye nuestro ego, diluye ese yo tan sólido, que es de donde salen todas las emociones aflictivas.

En definitiva, trabajas para sentir este amor bondadoso hasta que surge espontáneo en tu interior; luego lo sostienes en la mente y te concentras en él para que todo tu ser se nutra de amor.

Quien se ejercita en el amor bondadoso experimenta muchos beneficios. Sentir amor puro crea seguridad en el corazón y ausencia de temor. Uno puede apoyarse en sí mismo; sabe que no reaccionará con odio o aversión ante cualquier cosa que le perjudique.

Los beneficios siguientes se pueden encontrar en el *Sendero de Purificación* de Budagosha donde explica que Buda decía, 1) "la persona dormirá feliz". 2) "Se despertará ligera". 3) "No tendrá pesadillas". 4) "Será estimada por los demás". 5) "no le afectarán el fuego, el veneno ni las armas". 6) "Su mente se concentrará con facilidad". 7) "La expresión de su rostro será serena". 8) "Morirá en paz".

Se cuenta una bonita historia de Milarepa que con sus poderes milagrosos se percató de que un cazador y su perro estaban persiguiendo a un ciervo. Se sentó a meditar en el amor bondadoso. El ciervo, atraído, subió la ladera de la montaña y entró en la cueva de Milarepa donde se refugió sentado junto a él. Un rato después llegó, exhausto el perro, que también se sentó al lado de Milarepa, y por ultimo, el cazador. Agotado y furioso, viendo al yogui custodiado por su perro y su presa, empezó a tirarle flechas que salían desviadas. Milarepa seguía enfocado en el amor bondadoso. El cazador, vencido, se postra a los pies de Milarepa y le pidió enseñanzas.

Leemos en el Evangelio según Mateo: Alguien le dijo a Jesús: «¡Oye! ahí fuera están tu madre y tus hermanos que desean hablarte.» Pero él respondió: «¿Quién es mi madre y quiénes son mis hermanos?» Y, extendiendo la mano hacia sus discípulos, les dijo: «Estos son mi madre y mis hermanos. Pues todo el que cumpla la voluntad de mi Padre celestial, ése es mi hermano, mi hermana y mi madre.»

Los Cuatro Amigos son llamados también los Cuatro Infinitos o inconmensurables, porque son pensamientos que dirigimos hacia un número infinito de seres, y porque producen un resultado infinito.

Segundo amigo: *La compasión*

Se describe el amor bondadoso como *el deseo de que todos los demás sean felices,* y la compasión como *el deseo de que todos los demás estén libres de sufrimiento.* Son complementarios, como las dos caras de una moneda.

La compasión infinita es, pues, desear que todos los seres se liberen de su malestar. En sánscrito es "karuna". El término, karuna, traducido como compasión (aunque en español es una palabra que confunde), alude a un estado mental amable que se manifiesta así: "No quiero que sufras, ¿qué puedo hacer para evitarte ese dolor? A mí tampoco me gusta sufrir, y lo que no quiero para mí, no lo quiero para ti".

La compasión auténtica surge cuando uno comprende el malestar, dolor e insatisfacción, que existe en uno mismo. Esta era la intención del Despierto cuando tras su Iluminación dijo que la vida es malestar e insatisfacción: 1) para que no te dejes engañar por las apariencias, 2) para despertar compasión hacia todos los seres.

El *enemigo cercano* de la compasión es un *sentimiento de lástima* ante la miseria de los demás; una conmiseración mal entendida. La lástima es un estado engorroso y pasajero; es una manera de aliviarnos ante la incapacidad de sentir compasión de verdad. Hay tantas cosas en el mundo que pueden provocarnos lástima. Pero analiza, puede ser simplemente ese enemigo próximo. Podrías pensar que sentir piedad ante las desgracias ajenas ya te capacita para cuidarlos pero puede ocurrir que este sentimiento de pena te hunda en un océano de tristeza.

Tener *lástima por alguien* no es igual que sentir *dolor o pesar con alguien*. Compasión significa ponerte en la piel del otro, desear de corazón aliviarle. Por este motivo Buda empezó diciendo que uno debe empezar por identificar el malestar y sufrimiento propio para sentirse de verdad implicado en el sufrimiento de los demás.

Trata la desgracia ajena sin caer en el desespero, porque hacerlo sería perder la batalla. La compasión verdadera solo puede crecer sobre una base estable de sabiduría.

El *enemigo lejano* de la compasión es la *crueldad,* el deseo de que el adversario sufra. El regocijo ante su desdicha. Quién no ha tenido alguna vez una extraña satisfacción interior al enterarse de que esa persona que nos perjudicó en el pasado lo está pasando mal ahora. En tu fuero interno piensas "¡lo tiene merecido!". Por justificable que puedas creer que es esta actitud, te impedirá que surja la compasión de verdad. Analiza de dónde viene y acaba con ella.

En el *Sendero de Purificación* leemos:

La *característica* de la compasión es desear acabar con el sufrimiento. Su *función* es no soportar ver sufrir a otro ser. Se *manifiesta* como ausencia de crueldad. Su *causa próxima* es ver la aflicción de los atormentados por el sufrimiento. *Triunfa* cuando hace que disminuya la crueldad y *fracasa* cuando provoca lástima.

La compasión se enfoca en el malestar que experimenta la otra persona y surge el intenso anhelo de aliviarla. Sin sentir lástima por su condición. La compasión ve más allá de la inmediatez de la situación, pues se enfoca en el hecho de que *es posible* encontrar serenidad y libertad verdaderas. La compasión no solo desea liberar a los demás de su sufrimiento, sino también de las causas que lo han creado.

Pero, si la compasión solo surge a partir del dolor ajeno ¿ha de ser un estado mental que nos deprima? No, porque tiene como base la sabiduría, el conocimiento de la ley de causa y efecto. Si nos deprime, es una extensión de la lástima. La compasión es una mente llena de energía que te impulsa a actuar con determinación para ayudar, destruye nuestra autocomplacencia y produce una profunda paz interior.

Para desarrollar verdadera compasión son imprescindibles dos elementos: sentir amor hacia todos los seres y entender su sufrimiento. No despertarás compasión hacia alguien que no amas. Con amor, le regalarás flores a tu amigo enfermo en el hospital, pero es desde la compasión que sentirás su dolor y desearás aliviarle con toda tu alma.

La compasión purifica la mente, es por ello un gran tesoro. Asanga (siglo quinto D.C) había pasado doce años en retiro de meditación rezando para poder ver a Maitreya. Decepcionado y triste ante el fracaso abandonó su cueva. De camino a su aldea encontró una perra moribunda a causa de una herida infectada, llena de gusanos. El animal despertó en Asanga una compasión tan pura e intensa que tuvo el impulso de limpiar la herida con su lengua, para no ver matar a los gusanos. Aquel acto lleno de amor y compasión exquisitos causó que el perro se transformase en Buda

Maitreya. Este le explicó que desde el principio de su retiro él había estado acompañándole pero ahora, con el despertar de su compasión, había derribado los obstáculos internos que le impedían verle.

Nos puede parecer una historia increíble, pero es preciso situarnos y tratar de entender la relación que crea nuestra mente con la realidad. Sentimos que el mundo está ahí afuera, sólido, desconectado de la mente que lo percibe cuando, en realidad, el mundo depende por completo del percibidor.

Tanto el amor como la compasión deberíamos enfocarlos hacia nosotros mismos. Utiliza la técnica de la transformación del pensamiento para proteger tu mente. Si puedes evitar la tristeza, hazlo: no la necesitas y no tiene ninguna utilidad en sí misma. No te recrees en ella. Si evitamos la tristeza podemos responder a nuestras adversidades con sabiduría, compasión y fuerza.

Tercer amigo: *La alegría*

El tercero de los Cuatro Amigos es la alegría infinita. Este tipo de alegría consiste en desear que todos los seres disfruten de la felicidad última, libres de toda forma de emoción negativa. En sánscrito la alegría es "mudita".

El Sendero de Purificación señala al respecto:

La *característica* principal de la alegría es un estado de regocijo espontáneo viendo el éxito ajeno. Su *función* es no sentir envidia. Se *manifiesta* como la eliminación de la aversión y la tristeza. Su *causa próxima* es ver el éxito ajeno.

El *enemigo cercano* de la alegría es la *hipocresía*. Simular alegrarte ante la buena fortuna ajena, sin sentir nada en tu interior.

El *enemigo lejano* es *la envidia*. Si los éxitos de los demás te provocan envidia, no hay alegría infinita. Si a tu amigo le toca la lotería, quizá le felicitas, pero en tu corazón sientes indiferencia hacia su buena suerte. O peor, sientes envidia "¿por qué no me ha tocado a mi?, ¿Por qué siempre le ocurre a otro?"

Sentir alegría por la felicidad que sienten otros es un antídoto a la depresión. La alegría contrarresta la tristeza. Si consigues sentirte verdaderamente feliz ante la buena fortuna de los que están a tu alrededor recibes parte de su mérito.

Tenemos una enraizada resistencia a alegrarnos de las cosas buenas que experimentan otros; sus habilidades, su éxito en los negocios, su inteligencia, su belleza. Algo en nuestro interior nos hace estar incómodos.

La ley de causa y efecto (Skt: karma) nos habla de lo destructiva que puede llegar a ser la envidia. Envidiar te aleja de gozar, precisamente, aquello que envidias. En palabras simples, regocijarte te hace sentir libre, abierto, contento; envidiar te hace sentir miserable. La envidia te impulsa a actuar mal sutilmente y sin que te des cuenta siquiera.

Una manera de desarrollar la alegría es muy simple: trae a tu mente alguien de tu entorno, puede ser un familiar, un conocido, alguien que ayuda a los demás y, simplemente, alégrate del bien que despliega en su entorno. Permanece en este estado. Luego pasa a una persona neutra y a alguien que no te gusta. También pueden estar haciendo el bien, aunque no te guste. Alégrate de su felicidad. Gradualmente extiende la práctica de modo que allí donde veas felicidad te alegras por ello.

Cuarto amigo: *La ecuanimidad*

La mente de la ecuanimidad significa un estado de equilibrio en el que no te inclinas con apego hacia unos, no te alejas con hostilidad de otros, ni te sientes indiferente hacia el resto. La ecuanimidad infinita es el deseo de que todos los seres alcancen ese estado en el que no están aferrados a los que sienten como cercanos, no generen aversión hacia los contrarios, ni ignoren a los que están lejos.

Ecuanimidad es también mantener un estado mental equilibrado ante las cosas buenas o malas que nos ocurren. Por supuesto que preferimos estar bien a estar mal, pero en la vida se nos presentan circunstancias en ambos sentidos. Si nos exaltamos cuando nos viene el bien y nos deprimimos cuando nos viene el mal, nunca seremos felices. Es una actitud inteligente no excitarnos demasiado ante lo bueno, ni deprimirnos por lo malo.

El *Dhammapada* señala:

El sabio no se excita ni se desmoraliza ante la alegría o el malestar.

Y el *Sendero de Purificación* señala:

La *característica* de la ecuanimidad es promover la imparcialidad hacia los seres. Su función es ver que todos los seres son iguales. Se *manifiesta* aquietando tanto el resentimiento como la indulgencia. Su *causa próxima* es entender que cada uno es heredero de sus propios actos: Todos son dueños de sus actos ¿quién sino elige ser feliz o liberarse del dolor y conservar el éxito?

El *enemigo cercano* de la ecuanimidad es *la indiferencia*. La indiferencia es un estado que ante el sufrimiento ajeno piensa: "No me afecta, mientras no me pase nada a mí o a los míos, no quiero saber nada al respecto". La indiferencia es fría y despiadada. Todos conocemos este sentimiento. Trabajar la ecuanimidad no significa llegar al punto en el que no nos importa nada, sino tratar de amar a todos los seres por igual.

La indiferencia siempre acaba inclinando la balanza hacia el lado de la atracción o el rechazo. La ecuanimidad, en cambio, es un océano totalmente calmado en el que no hay parcialidad. Ve más allá del aspecto superficial de cada ser; ve la "persona" que hay detrás de cualquier etiqueta, "blanco, negro, de derechas, de izquierda"…

Si seguimos juzgando a los demás en base a las apariencias y a su comportamiento, la empresa será imposible. Nos hemos de concentrar en una verdad universal simple: cada ser consciente, incluso el vecino que me quita el aparcamiento cada día, aquel que me debe dinero, desea también tener felicidad y estar libre del dolor. Este reconocimiento puede transformar nuestra visión de cuantos nos rodean. ¿Es fácil? En absoluto. ¿Es posible? Si te esfuerzas, sin duda.

El budismo tibetano asemeja la ecuanimidad a nivelar el campo de siembra para que el agua humedezca por igual todas las semillas. El agua es imprescindible si deseas que broten las semillas del amor y la compasión.

El *enemigo lejano* de la ecuanimidad es la *inquietud, la mente ansiosa.*

Los grandes Maestros afirman que las buenas acciones producen felicidad y que las acciones negativas producen dolor: este es el principio mismo que hace posible la Iluminación. Entender que los buenos o malos resultados vienen de los buenos o malos actos, nos permite permanecer ecuánimes.

Si recordamos que todas las experiencias de la vida vienen condicionadas por el karma del que somos dueños, dejaremos de sentir esa pena ignorante. Al contrario, viviremos en un estado ecuánime. La ecuanimidad está basada en la sabiduría y en la comprensión experiencial de que todo está sometido al cambio.

El temor de que algo pueda hacer nuestra vida más insegura nos aparta de la ecuanimidad, pero la certeza de lo contrario es un mito porque todo lo que poseemos está sujeto a la destrucción. Nuestro bienestar de hoy es una ilusión, no hay nada que pueda hacernos sentir verdaderamente seguros. Solo porque hayas vivido en tu casa durante veinte años o que tengas la misma pareja de toda una vida, no significa que los vayas a conservar. Al final, los tendrás que dejar. Parece que van a estar siempre allí por esa inercia creada, pero esto solo indica que el momento de la separación está mas cerca.

Todo fluye, en caso contrario no estaríamos donde estamos, pero pretendemos ser capaces de detener este fluido para hacerlo sólido. Esa solidez a la que nos aferramos es solo una ilusión proyectada que nos agota porque es una empresa imposible. Tratamos de inocular solidez y permanencia a fenómenos que no son ni sólidos ni permanentes. Se produce un profundo estado de sobriedad humilde y compasivo en nuestra mente al entender esta dura realidad.

Obstáculos en la Meditación

Cuando deseamos emplazar la mente sobre un objeto como la respiración, la naturaleza de la mente, o cualquier otro, vamos a topar con los así llamados cinco obstáculos: 1) apego, 2) aversión, 3) letargo o espesor mental, 4) inquietud y remordimiento, 5) dudas. Todos ellos alteran la paz interior. Cuando aparecen consideremos que son una oportunidad para mejorar nuestra práctica, y preguntémonos si es posible trabajar de modo constructivo con ellos.

Místicos de todas las épocas han hablado de esos obstáculos utilizando palabras distintas, describiéndolos a veces como los "demonios" que se le aparecen a aquel que medita en lugares apartados. La tradición budista los denomina "maras" refiriéndose a las fuerzas negativas internas.

Cuando meditas, un *mara* puede manifestarse como una fantasía o un deseo, como ira o duda: "¿Para qué sirve meditar? Tengo la sensación de estar perdiendo el tiempo".

También podría aparecer como algo más retorcido: "Oh, tengo grandes experiencias, voy camino de ser un gran meditador", es el orgullo que saca la cabeza. En cualquier caso, te apartan de tu objeto: prestar atención a la respiración o al objeto que hayas elegido.

Los cinco obstáculos están siempre allí, influenciando tu estado mental. Pueden provocar tristeza, malestar, inquietud… No detectarlos de inmediato no significa que no te afecten. Pero, muy importante, el primer paso para combatirlos, es identificarlos. En libros como *Estudio de la*

Mente y *Tu Naturaleza Interior*[7] encontrarás información detallada y clara al respecto.

Uno de los beneficios de *anapanasati* es que al desarrollarse la atención, de modo natural, esos cinco empiezan a perder fuerza. De hecho, la calma que se experimenta en el retiro de cinco días de "Mindfulness y mucho más", se debe en gran medida a esa disminución.

A continuación te presento una breve descripción general de los cinco obstáculos para que empieces a analizar hasta que punto destruyen tu paz interior:

Apego por los placeres sensoriales: visiones, sonidos, olores, sabores, sensaciones corporales. Sentir atracción por las cosas agradables no es negativo en modo alguno, pero mientras meditas, son una fuerte distracción. No hay nada de malo en experimentar placeres distintos… ¿Por qué debería haberlo? Se convierten en un problema cuando nos engañan, cuando nos hacen caer en la convicción de "si pudiera tener esto o aquello, si tuviera este trabajo o este coche, o el nuevo smartphone…". Los placeres que nos proporciona la vida no tienen nada de malo, siempre y cuando sepas que nunca van a saciar tu sed; no van a proporcionarte el bienestar que deseas. Todo ello aparece en tu meditación, es bueno que lo reconozcas para soltarlo y regresar a la respiración.

Estamos muy condicionados por la idea de que la felicidad viene de satisfacer nuestros deseos. Nuestra sociedad es experta en perpetuar la noria de la insatisfacción. Siempre persiguiendo algo que no encontraremos. Parece obvio que la "felicidad" consiste en cambiar de estímulos, cuando ésta es, precisamente, una de las raíces de la insatisfacción de los seres humanos.

El apego nos produce desazón porque nos impide estar

---

7   *Estudio de la Mente* de Gueshe Tashi, y *Tu Naturaleza Interior*, de Gueshe Tamding Gyatso Ver www. ediciones-amara.net

donde estamos. Siempre puede haber algo mejor. Su origen es nuestra dificultad innata en sentirnos *satisfechos*. Este es el motor que pone en marcha una sociedad de consumo "insaciable". Por supuesto, el consumo es necesario para la economía y para vivir según un grado de bienestar razonable. Pero cuando empezamos a ser víctimas de un consumo "desaforado" tenemos un problema. ¿Cómo sería nuestra vida si estuviéramos libres de esta fuerza? Sería un gran descanso, un alivio. Vemos a menudo que aún disfrutando todo lo que uno desea, rodeado de las mejores circunstancias, seguimos víctimas del deseo negativo.

Con el fin de ayudarnos a comprenderlo mejor, el *Dhammasangani,* un texto del *Abhidharma* theravada, enumera de modos distintos ese apego o deseo negativo. Compara el apego a la *hiedra enredadera* porque estrangula a su víctima como hace la planta con el árbol. Es como *un océano* porque es inagotable. Es *esclavitud* porque te mantiene atado al ciclo del sufrimiento en el samsara. Es un *estado engañoso* porque confunde tu mente haciéndote creer que al obtener aquello que deseas serás feliz realmente.

También lo describe como la *resina* perfumada que atrapa al chimpancé. El mono se acerca, toca aquella sustancia con su mano pero queda pegado a ella y piensa que, ayudándose, con la otra mano lo conseguirá, pero también se queda inmovilizada. Luego trata de librarse con la ayuda de sus pies, que se quedan adheridos. Empieza a gritar desconsolado porque comprende que ha quedado atrapado y, por más que lo intenta, no consigue desengancharse.

Cualquiera de los objetos de los sentidos puede producir apego. En el instante en que deseamos algo obsesivamente no nos damos cuenta de que lo que deseamos es susceptible al cambio. No puede darte la felicidad que deseas ni producir la seguridad o bienestar que persigues.

La ira, la aversión. La aversión y todos sus derivados,

enfado, resentimiento, maldad, son desagradables desde el instante mismo en que aparecen. Cuando caes en sus garras te das cuenta de inmediato que te dañan. Nos puede producir desagrado el mero recuerdo de alguién que ni siquiera está presente; o cosas que sucedieron hace tiempo, incluso cosas que aún no han ocurrido. Cuando la ira se apodera de la mente está se tiñe del color rojizo que envenena todo nuestro ser. Nos hace confundir la naturaleza del que la provoca.

Creemos que la aversión surge por culpa de cosas que ocurren fuera de nosotros. Reaccionamos, "ah, yo estaba bien y estas palabras que has dicho me han disgustado"; o "esta nueva ley que el gobierno ha aprobado me exaspera". No obstante, la causa principal de tu irritación está en el interior *porque no es obligado sentir aversión hacia lo que no te gusta.*

El *Sendero de Purificación,* de Budagosha, señala que la aversión es tan agresiva, como una *serpiente acorralada.* Y se propaga por tu mente como un *veneno.* Tiene muchos matices y puede progresar, desde el simple enfadillo hasta el deseo de matar a alguien o quitarse uno mismo la vida. Es la fuerza detrás del insulto, la mentira, los descalificativos. Altera tu mente y tu entorno. Una pareja que no es capaz de controlar su aversión termina en divorcio porque cada instante de aversión afea un poco más la realidad. ¿Quién desea vivir con alguien que se ha vuelto tan desagradable? La pareja de amantes se transforma en dos individuos que se detestan. El *Atthasalini* lo define así:

La *característica* principal de la aversión es desplegar un factor mental irritable, su veneno se esparce como el de la picadura de una serpiente. Su *función* es quemar aquello que lo provoca, como el fuego en un bosque; su *manifestación* es el deseo de ofender o de herir.

Letargo y espesor mental. Aquí se incluye a la pereza, la carencia de vitalidad, el adormecimiento, la mente deprimida, la que no es consciente del potencial que uno tiene. Específicamente en la práctica de la meditación, el hundimiento. La claridad y frescura de la mente se desvanecen cuando estos obstáculos aparecen. Es como si el cielo claro se llenara de espesas nubes. Un meditador sabe muy bien lo que es, y lo considera un gran obstáculo. El *Atthasalini* señala lo siguiente:

La *característica* del letargo y espesor mental es la ausencia de entusiasmo; su *función* es destruir el entusiasmo; su manifestación es el hundimiento. La *característica* del espesor es la falta de manejabilidad, se hunde y no es capaz de sostener el objeto. Ambos te atrapan en el descontento y la pereza.

Si los factores mentales descritos pululan por tu mente no tienes energía para escuchar el Dharma o meditar. Te hace olvidar que la vida es breve y que es imperativo trabajar los estados mentales positivos para que crezcan y se afiancen dentro de ti.

Inquietud y remordimiento o preocupación. Los dos agitan la mente. En algunas ocasiones el cuerpo está contraído debido a la inquietud; en otras, la mente salta de un lado a otro causando nerviosismo e hiperactividad física. Puesto que la inquietud está específicamente vinculada con la excitación, es uno de nuestros enemigos principales cuando nos sentamos a meditar. El *Atthasalini* da la siguiente definición:

La *característica* de la excitación mental es ser como el agua que agita el viento; su *función* es la oscilación, como una bandera en el mástil; se *manifiesta* como un remolino parecido al de las cenizas en el aire.

Este tipo de inquietud aquí es un estado mental asociado a los engaños básicos: la ignorancia, el apego o la aversión.

Aparece, pues, en muchos momentos del día. Cuando se presente nos olvidamos de poner en práctica las cosas que nos causan beneficio. La verdadera calma aparece en ausencia de cualquier aflicción mental.

Forma parte de los cinco obstáculos porque te impide aplicarte en fomentar estados mentales positivos. Hace que te preocupes por cosas que todavía no han pasado. La atención es un antídoto directo de este veneno.

La inquietud y la ansiedad están basadas en el miedo al cambio, o el miedo ante la posibilidad de tener que afrontar situaciones desagradables. Buda señaló que esa es la naturaleza misma de la vida: tarde o temprano deberás separarte de lo que estimas y encontrarte con lo que detestas. Es una emoción inútil. Imagina cómo sería tu vida si, ante la posibilidad de cambios o experiencias amargas, no sintieras ningún tipo de ansiedad.

El remordimiento es ese sentimiento que produce el recuerdo de sucesos dolorosos que tú has provocado o cosas buenas que podrías haber hecho. En meditación es un obstáculo. Se dice que surge de la aversión, porque cuando hay remordimiento se crea un cierto grado de enfado hacia el que lo provoca. Por lo tanto, la sensación que acompaña este factor mental es siempre desagradable. El *Atthasalini* da la siguiente definición del remordimiento:

Su *característica* es el arrepentimiento, su *función* es hacerte sentir apenado, por acción u omisión de determinados actos. Su *manifestación* es la pesadumbre, su *causa próxima* son aquellas acciones cometidas o no cometidas. Es un estado de verdadera esclavitud.

El remordimiento puede ser positivo cuando se enfoca en las desventajas de haber actuado mal. Pero aquí se refiere específicamente al remordimiento negativo porque es fruto de la aversión. Se podría denominar también "sentimiento de culpabilidad".

El remordimiento negativo es uno de los mayores obstáculos y forma pareja con la inquietud. Cuando aparece en la mente impide los estados de bonanza interior.

Una mente llena de remordimientos o de sentimientos de culpabilidad nunca puede ser libre, todo lo contrario: es una mente amordazada en la que no puede haber paz ni felicidad.

La duda. No se refiere a dudar acerca de dónde iremos de vacaciones, sino a aquella que nos paraliza. Produce rigidez mental e incapacidad para tomar decisiones. Puede ser difícil de tratar porque, a menudo, por su causa abandonamos nuestra práctica. Puede llevarnos a dudar también de nuestra capacidad, en general, de la ley de causa y efecto, del poder de la meditación.

Los principios budistas no forman parte de nuestra tradición y cultura. Hoy en día tenemos acceso a filosofías diversas, lo cual es una gran riqueza porque podemos aprender y elegir pero, a la vez, puede convertirse también en un obstáculo pues para progresar en el camino de la meditación tenemos que elegir un modo de práctica, un tipo de enseñanza que se adecue a nuestra personalidad y seguirlo hasta el final. La disciplina de la meditación está basada en la dedicación y ésta depende de un enfoque sostenido. Fácilmente, ante algún contratiempo aparece la duda en forma de los siguientes pensamientos: "Ah, mejor me voy a una escuela más teórica". Y cuando llegamos a esa escuela teórica, nos abruma la complejidad intelectual de algunos temas, y la duda vuelve a aparecer: "No, mi sitio está en una escuela más práctica".

La duda te disuade de implicarte en serio en la meditación. Igual que, si nadas en un mar de dudas, no sacarás adelante tu trabajo o no llegarás a realizar esa reforma que quieres hacer en tu casa. Te faltará determinación. Los textos definen a la duda como "rigidez mental" porque paraliza la mente y la impide tomar una decisión clara. Solo la determinación te pone en camino. Los tibetanos tienen un ejemplo muy gráfico para describir la duda, dicen que es como una aguja con dos puntas: no puede coser. El *Athasalini* define la duda como sigue:

La *característica* de la duda es que te lleva de un sitio a otro. Su *función* es provocar inseguridad y vacilación. Su *manifestación* es la incertidumbre, la indecisión. La *causa próxima* es la atención no sabia, y debería ser considerada como un serio peligro para la experiencia espiritual.

Joseph Goldstein en *La Experiencia del Conocimiento Silencioso,* se valía de una imagen que nos puede ayudar. Consiste en imaginar que lo que deseamos conseguir, como el propósito final de la meditación, es una mente clara como un lago de aguas claras y cristalinas. Cualquiera de los cinco obstáculos descritos nos impide ver el fondo del lago.

El deseo-apego tiñe el agua de colores diversos, y dificulta la visión del fondo. La aversión se manifiesta como agua en ebullición. El espesor y el letargo mental son como una espesa maraña de algas que crece en la superficie. La inquietud y el remordimiento son el viento que agita las aguas formando olas. Y la duda es como el barro que emerge desde el fondo y enturbia el agua.

¿Qué hacer cuando cualquiera de los cinco obstáculos se presenta? Reprimirlos no funciona porque sería una forma de generar aversión. ¿Seguimos sus dictados? Tampoco, porque esto reforzaría el patrón que lo ha producido. Son dos acercamientos extremos.

Un primer paso es *reconocer* que estamos bajo el influjo de alguno de estos cinco engaños. Simplemente lo observas sin dejar que te arrastre. *Esta actitud también nos ayuda enormemente en la vida cotidiana,* y lo vamos afianzando y reforzando en meditación. Entendemos cómo funcionan en nuestro interior, cómo nos incomodan y nos esclavizan. Estas fuerzas negativas realmente nos ayudan a entender la verdad del Dharma, porque:

1) Comprendemos cómo funciona la ley de causa y efecto porque, cuando aparecen, ya nos alteran de un modo u otro.
2) Vemos la impermanencia, porque no se mantienen en el tiempo, aparecen y desaparecen.
3) Sentimos la ausencia de un yo sólido y controlador porque una vez desaparecen ¿significa que haya desaparecido el yo?, ¿dónde está el yo que las experimentaba?

Un segundo paso sería cultivar sus respectivos oponentes. Si aparece el deseo, enfócate en él, obsérvalo cara a cara. Y, si persiste, pregúntate "¿cómo afecta a mi cuerpo?". Comprende que es un hábito muy enraizado en tu interior y que te esclaviza; por ejemplo, arrastrándote del momento presente para llevarte a la inquietud. Descubrirás que es una fuerza tremenda que crea tensión de inmediato, *te hace sentir que estás incompleto, que te falta algo.* También podrías considerar su transitoriedad y falta de esencia.

Si se trata de la aversión, toma nota: "aversión". Conviértelo en tu objeto de meditación. ¿Cómo me hace sentir?, ¿altera alguna parte de mí?, ¿cuál? No caigas en la trampa de odiar el odio. Es a lo que estamos condicionados de antemano. Obsérvalo atentamente y piensa en el amor, la compasión y sus enormes beneficios.

La aversión se puede manifestar como: 1) temor, 2) actitud excesivamente crítica 3) aburrimiento. Es así porque los tres tienen su raíz en el desagrado causado por algún aspecto de la experiencia que lo produce.

El temor puede provocarlo una persona, una situación, una enfermedad, la vejez o la muerte. Lo que nos desagrada puede acabar produciendo miedo siempre que esté presente la aversión. Buda comparaba la aversión como una herida abierta porque cualquier cosa, por nimia que sea, causa una dolorosa reacción.

El aburrimiento, otra forma de aversión, también puede ser objeto de tu atención. Nos fastidia estar sentados observando la respiración… quisiéramos coger el teléfono, el ordenador, una revista, cualquier cosa parece más divertida… En realidad, todo lo que hacemos está dirigido a escapar de nuestra soledad. Pero ¿has probado alguna vez de entablar amistad con la soledad?

En el retiro de cinco días no te podrás escapar de ti mismo; has de enfrentarte al aburrimiento, a la soledad, a la sensación de no hacer nada. Pero no es el fin del mundo, sino la antesala de la libertad. Convierte el aburrimiento en objeto de tu atención y trata de ver su naturaleza, explora tus resistencias a estar aburrido y analiza qué es realmente lo que te aburre y por qué. Y recuerda: estar solo no significa sentirse solo.

El letargo y el adormecimiento mental. Si estamos cansados, aparecen con facilidad. También aparecen si no sabemos dosificar la energía para estar concentrados. De nuevo los transformamos en objeto de nuestra atención, vemos su textura, vemos de que modo nos influyen. Si vienen de ejercer demasiado esfuerzo, aflojamos; si estamos algo cansados, tratamos de refrescar la mente con pensamientos positivos como la posibilidad de llegar al Nirvana.

La inquietud y el remordimiento. No es hábil ni conveniente pensar que has fracasado cuando aparecen: "Oh, se supone que debo estar atento y no perder el hilo, he fallado." Este no es el camino, de nuevo aparece la mente que juzga; estás mejor sin ella. No te sirve para nada. La inquietud es una mezcla de pensamientos y sensaciones y al ser un estado dependiente de éstas es pasajero. No te resistas, explóralos y observa dónde te llevan: volverás a la respiración. Experimenta la mente inquieta y distraída durante un rato: es un estado mental transitorio. Ponte tranquilo. ¡Volverás a estar concentrado! No lo solidifiques en tu mente.

La duda date cuenta también de este factor. Es también un estado pasajero; observa el estado insatisfactorio en los que te deja cuando te atrapa. Su oponente es la convicción inteligente, por ello es bueno tener una comprensión intelectual lo más precisa posible del propósito a corto, medio y largo plazo de la meditación.

Consejos Finales

Si te interesa participar en un retiro de "Mindfulness y mucho más" llevamos a cabo un buen número de ellos en distintos lugares de España. Ponte en contacto con edicionesamara@gmail.com

o

visita nuestra página:

www.escuelalaicadebudismoymeditacion.es

Otros títulos del autor

El Arte de Meditar / Isidro Gordi

El Arte de Meditar presenta el Budismo tibetano desde la óptica de un practicante español. En él se dan numerosos consejos acerca de la práctica de la meditación, entendida como un método serio y fiable de desarrollo interno.
Se trata de un texto ameno, sencillo y fácil de leer, ideal como puente entre la enseñanza tradicional de los Lamas y las expectativas de un buscador espiritual inmerso en una sociedad como la nuestra.

Destellos de sabiduría/El Bodhisatvacaryavatara de Shantideva / Isidro Gordi

Destellos de Sabiduría es la primera traducción basada en fuentes originales de una de las joyas del pensamiento de la humanidad, el *Bodhisatvacarayavata* o Guía a la forma de vida del Bodhisatva. Ocupa un lugar preponderante en el budismo mahayana, al igual que el *Dhammapada* en el budismo hinayana o la Biblia en el cristianismo. Sus versos constituyen objetos de reflexión que pueden servir tanto a budistas como a no budistas.

Guía para meditar / Isidro Gordi

Este libro está basado e la tradición budista tal y como se ha preservado en los Monasterios del Tíbet durante siglos. Isidro Gordi, estudioso del budismo desde el 1978, basa sus explicaciones en los puntos esenciales de Las Etapas del Camino a la Iluminación (Lam Rim) destacando su validez para el hombre actual. Presenta una traducción inédita en castellano de un manual tibetano clásico, *Un Collar para los Afortunados*, cuyo objeto es preparar la mente para meditar. Por último, da una serie de puntos de reflexión para poner en práctica las principales meditaciones que dirigen a la Iluminación.

El Libro tibetano de la Muerte

Según la filosofía budista, aunque la muerte es un acontecimiento triste e ineludible todos podemos usarla para transformar nuestra vida y despertar perspectivas sanas y nuevas respecto de un hecho del que no vamos a poder escapar. Este libro, por un lado, nos enfrenta a nuestros temores y fobias con respecto a la muerte, pero también nos da pautas para transformarlas, mejorar nuestros sentimientos de compasión, amor y empatía hacia nosotros mismos y los demás. Meditar en la muerte hace de nosotros personas más humildes y capaces de enfrentarnos a las dificultades y exigencias de la vida actual. Una correcta comprensión de la muerte nos puede ayudar a superar estados de estrés, depresión, celos, ira, deseos obsesivos y demás venenos mentales.

Ecos del Silencio Infinito

Un comentario accesible al famoso texto clásico del budismo mahayana, *Sutra del Corazón*, y basado en enseñanzas del gran Lama, Gueshe Tamding Gyatso. Todo lo que alguien desea saber y conocer acerca de la filosofía del vacío lo encontrarás en este libro.

Sé tu propio refugio

Tanto la meditación como la filosofía budistas tienen como objetivo sacar a la luz nuestra agudeza espiritual y hacer de nosotros seres más preparados para responder con sabiduría a los avatares de la vida.

Este libro te presenta la esencia de la filosofía budista y la meditación para el mundo occidental de un modo original pero, a la vez, sin perder contacto con las fuentes tradicionales.

Puedes encontrar cualquiera de estos libros en
www.edicionesamara.com